COMPTABILITÉ

DES

NOTAIRES

SUIVIE

1° De la Comptabilité des Dépôts;

2° De la Comptabilité pour le service des intérêts et revenus;

3° De Tableaux pour les comptes du timbre et des rôles;

4° D'instructions sur la tenue des divers registres pour l'ADMINISTRATION de l'Étude;

5° Enfin d'un APERÇU des droits d'Enregistrement, au point de vue du notariat et de la taxe des actes

PAR HENRI OUDIN.

PARIS

Chez l'Auteur, rue St-Martin, 296

ET A L'IMPRIMERIE ET LIBRAIRIE GÉNÉRALE DE JURISPRUDENCE COSSE ET MARCHAL,

IMPRIMEURS—ÉDITEURS—LIBRAIRES DE LA COUR DE CASSATION,

Place Dauphine, 27.

—

1860.

J'ai fait, conformément à la loi, le dépôt de ma Méthode et des modèles de mes Registres avec une marque de Fabrique, pour m'en assurer la propriété. Tout exemplaire de ma Méthode qui ne sera pas signé par moi, comme tout Registre qui ne sera pas revêtu de ma marque sera réputé contrefait.

N°

PARIS. IMPRIMERIE PRISSETTE, PASSAGE KUSZNER, 17.

NOTA.—L'Auteur tient le soir un Cours de comptabilité pour démontrer l'application de sa méthode ;

On trouve chez lui tous les livres nécessaires à une Étude de notaire ;

Il adresse aux personnes qui lui en font la demande, le modèle de ses registres, avec les instructions et les exemples nécessaires. — Il donne par correspondance, aux personnes qui font usage de sa méthode, tous les renseignements que l'on désire.

Registres nécessaires à un Notaire qui veut constamment connaître sa position et bien administrer son Étude.

SUR LA COMPTABILITÉ DE L'ÉTUDE PROPREMENT DITE.

1° Un Journal d'Étude;
2° Un Grand-Livre;
3° Fiches servant de table alphabétique du Grand-Livre et de *livre d'adresses;*
4° Un Brouillon de Caisse;
5° Un Livre accessoire pour les Honoraires en second.

SUR L'ADMINISTRATION DE L'ÉTUDE.

§ 1er.

Comptabilité des Dépôts.

6° Un Journal pour les Capitaux qu'on dépose au notaire et qu'il rend;
7° Un Grand-Livre pour relever aux comptes des déposants les sommes déposées et rendues.

§ 2.

Comptabilité pour le service des intérêts des capitaux placés ou des prix de ventes et d'adjudications.

8° Un Journal pour les intérêts et revenus dans le cas où cela en vaut la peine, sans quoi la comptabilité des dépôts suffit.
9° Un Grand-Livre pour reporter également au compte de chacun les intérêts reçus et payés.

§ 3.

Et pour les autres parties de l'Administration de l'Étude :

10° Un Registre pour les formalités qui sont à remplir sur certains actes et le renouvellement décennal des inscriptions.
11° Un Carnet d'Enregistrement.
12° Un Registre pour le classement des cotes d'inventaire et de tous les autres titres apportés dans l'Étude pour la rédaction des actes, et disposé de façon à recevoir les décharges des pièces ou mentionner leur remise, afin de savoir où passent les pièces.
13° Un Registre pour les déclarations de successions à faire dans les six mois de leur ouverture.
14° Un Registre pour les certificats de propriété
15° Des Tables des créances hypothécaires destinées à inscrire les capitaux placés dans l'Étude pour connaître leur exigibilité, afin d'en opérer le recouvrement ou d'en faire proroger les échéances.
16° Enfin un Répertoire ou Table des minutes.

A MM. LES NOTAIRES.

Au moment où de toutes parts les efforts s'unissent pour la recherche des idées utiles et pour l'introduction des réformes nécessaires, j'ai pensé à l'objet de mes études, et je viens soumettre mes travaux à l'opinion, persuadé qu'ils seront examinés avec attention, et que s'ils renferment un germe susceptible d'être fécondé, il le sera.

Mon idée, c'est l'introduction d'une bonne comptabilité dans le notariat, c'est son *unification*. — Il doit suffire qu'un notaire, qu'un clerc connaisse la comptabilité et l'organisation d'une Étude pour connaître la comptabilité et l'organisation de toutes les autres. — C'est le seul moyen de connaître la valeur d'une Étude et de fournir au Gouvernement, en cas de cession d'office, des états uniformes d'une sincérité incontestable.— De là, il doit résulter une garantie pour le titulaire qui achètera sur des bases certaines, et pour le Gouvernement et les Chambres des Notaires le précieux avantage de pouvoir faire une juste appréciation du traité.

Il y a longtemps que la question d'une bonne comptabilité notariale préoccupe les esprits les plus sérieux et les hommes les plus haut placés. L'utilité pour le notaire d'avoir des livres ne se discute plus, ce n'est que sur la manière de les tenir qu'il y a divergence.

Si jusqu'alors tous les systèmes ayant pour but d'obliger les notaires à ouvrir des écritures ont échoué, c'est parce que l'on manquait d'une bonne méthode. On sentait qu'il devait y avoir mieux que ce que l'on voyait, et que ce ne serait pas trop que d'avoir la situation de son Étude par jour, par mois, par année.

J'ai essayé de remplir le programme. — J'ai établi mes livres de manière à ce que le notaire puisse savoir à tout instant sa situation :

1° Sur le compte de Divers ou ses recouvrements.
2° Sur le compte de Caisse.
3° Sur le compte de Timbre.
4° Sur le compte des Honoraires.
6° Sur le compte des Frais généraux.
7° Sur le compte des Profits et pertes.
8° Sur le compte de Capital.

Si le notaire ne peut demander autre chose, si les huit catégories répondent bien à toutes les opérations, la comptabilité sur un plan uniforme est possible pour toutes les Études.

Mais ma méthode n'est pas seulement d'une exécution possible, elle est encore d'une exécution facile, elle réforme en simplifiant.

Quel est l'état actuel de la comptabilité notariale? Je parle de la plus complète, de la mieux tenue.—Son moindre défaut, c'est sa complication extrême sous l'apparence de la plus grande simplicité, sa division infinie, son éparpillement sur des registres auxiliaires, ses doubles emplois, ses émargements obligatoires, etc., etc. — Il en résulte des écritures nombreuses, des déplacements répétés, une étude particulière, une dépense considérable de mémoire; en fin de compte, si le notaire veut vérifier, la preuve mathématique manque, le contrôle fait défaut. Or, toute comptabilité qui ne renferme pas en elle-même des moyens infaillibles de contrôle n'est pas une comptabilité, c'est un *memento*, rien de plus.

En outre, tout un côté de l'administration d'une Étude, qui touche intimement à la comptabilité, est laissé dans l'ombre; je veux parler du classement des pièces. Nul système ne comprend les formalités, ne fait connaître le sort des titres, ne contient un mode de classement.

Au lieu de tous les livres intitulés : *Livre-Journal*, avec ses émargements que je supprime. — *Registre d'Étude*, *Livre de comptes personnels*, *Livre de taxe*, *Livre de notes*, *Livre des formalités*, *Livre de décharges*, *Livre d'adjudication*, etc., deux livres seulement que tout le monde connaît : **Journal** et **Grand-Livre.** C'est-à-dire diminution des écritures dans la proportion des registres supprimés, condensation des opérations au point de les rendre, pour ainsi dire, synoptiques, et vérification forcée de la justesse des résultats.

Maintenant pourquoi ma méthode est-elle plus facile et plus expéditive que celles en usage? Pourquoi présente-t-elle les avantages inconnus jusqu'ici et désirés depuis si longtemps?

C'est qu'à l'inverse des autres, elle repose sur un principe mathématique, un principe incontestable. Elle est une application des règles de la comptabilité, qui est une science exacte. Elle est **la véritable formule** à l'aide de laquelle cette science est mise en pratique.

Dès que la comptabilité repose sur des principes, dès qu'elle a des règles propres, il faut se résigner à les étudier, à les connaître parfaitement, si l'on veut en user et jouir de ses avantages.

Heureusement les principes et les règles sont faciles à saisir; c'est l'affaire de quelques heures pour tout esprit attentif.

Je ne me suis pas dissimulé que si ma méthode, quoique reconnue bonne, devait exiger un teneur de livres spécial, je ne devais pas compter réussir. Beaucoup de notaires ne voudraient pas s'imposer un sacrifice dont ils ont pu se passer jusqu'aujourd'hui; mais ce sacrifice n'est pas nécessaire, ce qui me le démontre, c'est la mise en pratique de ma méthode, d'abord en province et depuis plusieurs années dans une des premières études de Paris. — Elle a fonctionné et fonctionne au gré des notaires qui l'emploient sans qu'il y ait eu pour eux une augmentation de dépenses.

En publiant cette méthode, fruit de longues études, je crois être utile au notariat. — Aussi c'est avec la plus grande confiance que je viens l'offrir à MM. les notaires, persuadé qu'elle est appelée à leur rendre les plus grands services.

H. OUDIN,

Ancien principal Clerc de Notaire,
Professeur de Comptabilité notariale.

THÉORIE.

Les opérations de la comptabilité se font pêle-mêle dans les Études comme dans toutes les maisons de commerce, dans toutes les banques, dans toutes les administrations. Pour le notariat, c'est l'*Enregistrement* des actes; le *Timbre* acheté et employé; les *Recettes* et les *Dépenses* de toute nature; les *Pertes* que le notaire éprouve, les *Bénéfices* qu'il réalise. Tout cela se trouve chaque jour constaté confusément dans chaque Étude. — Il importe pourtant au notaire de se reconnaître dans ce pêle-mêle quotidien et de savoir sa situation entière.

Pour atteindre ce but si désirable à tous les points de vue, il ne faut qu'une chose : classer méthodiquement toutes les opérations journalières qui s'opèrent dans l'Étude. — La comptabilité, quoique reposant sur les principes les plus élevés des mathématiques, n'est plus dans la pratique, une fois ses principes posés, que l'art du classement dont les règles sont faciles à saisir pour toutes les intelligences.

Que le classement des opérations soit fait d'une manière intelligente, bien entendue, bien comprise et conforme au principe et aux règles qu'on va développer, le notaire trouvera non-seulement le compte exact et fidèle de chacune des personnes avec lesquelles il est en rapport, mais encore sa propre situation, soit active, soit passive.

PRINCIPE UNIQUE.

1° QUI REÇOIT **DOIT** A CELUI QUI **FOURNIT**,

En d'autres termes :

Il n'y pas de **débit** sans **crédit**,

ni de **crédit** sans **débit**.

Expliquons que chaque compte est considéré comme un être moral qui doit rendre compte, comme un dépositaire, de tout ce qu'il reçoit. — Donc, tout compte qui *reçoit* devient *débiteur* de ce qu'il a reçu :

Par contre, toutes les sommes qu'un compte *paie* doivent figurer à son *crédit*, et toutes les sommes qu'il *reçoit* doivent être portées à son *débit*.

Il faut donc trouver dans chaque article que l'on a à passer un DÉBITEUR et un CRÉDITEUR.

SON APPLICATION.

2° Vous avez une fortune, un capital, un avoir quelconque, soit 1,000 fr. par exemple, qu'en faites-vous ?

Vous placez ces 1,000 fr. dans votre caisse, que nous considérons comme un être moral qui agit activement et passivement.

La caisse *reçoit*, donc elle *doit* le montant de ce qu'elle a reçu ; mais à qui doit-elle?

Elle doit à celui qui lui fournit la somme; ici c'est le capital qui fournit. Son compte doit être crédité d'autant.

Voilà un article où l'on reconnaît le *débit* et le *crédit* tout à la fois, comme il convient de le reconnaître dans chaque article que l'on veut passer.

On se servira pour ce cas de la formule suivante :

DOIT CAISSE

A CAPITAL pour espèces versées dans la caisse de l'Étude. . . . .

3° Votre avoir de 1,000 fr. ne reste nécessairement pas en caisse, vous en faites un emploi quelconque. Supposons que vous achetiez 4 mains de timbre à 1 fr. 25 c., vous direz :

DOIT TIMBRE

A CAISSE pour achat de 4 mains de timbre à 1 fr. 25 c.. . . . .

Le compte de timbre *reçoit* du timbre pour 125 fr., il en est *débité;* et la caisse qui *fournit* cette somme en est *créditée.*

Voilà encore un article débité et crédité.

4° Vous versez à l'enregistrement 300 fr. en compte courant sur les actes que vous soumettez à cette formalité. Le compte d'enregistrement qui *reçoit* cette somme en sera *débité*, et le compte de caisse qui l'a fournie en sera *crédité*. — On dira :

DOIT ENREGISTREMENT

A CAISSE pour espèces versées au receveur.. . . . .

5° Vous faites un contrat de vente dont le coût, après les formalités remplies, est ainsi composé :

Doit Oudin (Léonel), artiste musicien, rue Saint-Martin, N° 296, pour la vente à lui faite par Dulimon Joseph), moyennement 5,000 fr.

Timbre de minute.	2	50
Enregistrement	302	50
Honoraires à 1 0/0.	50	»
Expédition 8 rôles.	29	»
Payé pour transcription avec états.	25	»
Total	409	»

Totaux à reporter. . . . .

TOTALITÉ des OPÉRATIONS.	DIVERS		CAISSE		TIMBRE		ENREGISTREMENT		HONORAIRES		FRAIS GÉNÉRAUX		PROFITS & PERTES		CAPITAL	
	DÉBIT.	CRÉDIT.	DÉBIT.	CRÉDIT.	DÉBIT.	CRÉDIT.	DÉBIT.	CRÉDIT.	DÉBIT.	CRÉDIT.	DÉBIT.	CRÉDIT.	DÉBIT.	CRÉDIT.	DÉBIT.	CRÉDIT
1,000 »	» »	» »	1,000 »	» »	» »	» »	» »	» »	» »	» »	» »	» »	» »	» »	» »	1,000 »
125 »	» »	» »	» »	125 »	125 »	» »	» »	» »	» »	» »	» »	» »	» »	» »	» »	» »
300 »	» »	» »	» »	300 »	» »	» »	300 »	» »	» »	» »	» »	» »	» »	» »	» »	» »
1,425 »	» »	» »	1,000 »	425 »	125 «	» »	300 »	» »	» »	» »	» »	» »	» »	» »	» »	1,000 »

Report. . . . . . .

Décomposons cette somme et nous verrons :

1° Que le timbre y entre pour	7	50
2° L'enregistrement pour.	302	50
3° Les honoraires pour 74 fr., dont 50 fr. pour la minute et 24 fr. pour 8 rôles d'expédition à 3 fr. le rôle.	74	»
4° Et la caisse pour.	25	»
Même somme	409	»

Oudin, acquéreur, doit cette somme, voilà le *débit*.

Quant au *crédit*, il est fourni, comme on le voit, par les comptes de TIMBRE, d'ENREGISTREMENT, d'HONORAIRES et de CAISSE, ci. . . . .

6° La caisse *reçoit* de Oudin, acquéreur, 400 fr. pour solde de son contrat, dont les frais s'élèvent à 409, on dira :

DOIT CAISSE

A OUDIN : 400 fr. pour solde modéré de son acquisition n°. . . . .

7° On vient de voir que Oudin avait été débité de 409 fr. pour son contrat. S'il eût payé cette somme, son compte se trouvait balancé; mais il n'a payé que 400 fr. et il est cependant libéré. Le notaire éprouve une perte de 9 fr. Cette perte doit être constatée tant pour arriver à balancer le compte du client que pour connaître avec certitude la position du notaire. Il ne suffit pas que celui-ci dise : mon étude m'a produit tant, cela est constaté par le crédit du compte des honoraires. — Oui, sans doute; mais il faut en défalquer les pertes pour avoir la vérité; et c'est la vérité que nous avons cherchée et que nous démontrons. — On dira donc :

DOIT (*) PROFITS ET PERTES

A OUDIN pour modération à lui faite sur son contrat n°. . . . .

On comprend que le compte de *profits et pertes* doit constater à son *débit* toutes les pertes qu'éprouve l'Étude, et que les clients qui en profitent doivent en être *crédités*.

8° Le notaire paie à son papetier 10 fr. pour fournitures. — Cette dépense rentre dans la catégorie, non des *profits et pertes*, mais des *frais généraux*. — Il ne faut pas confondre ces deux natures de dépenses. — Les pertes que le notaire éprouve sont accidentelles. — Elles peuvent être nulles dans un temps et considérables dans un autre, tandis que les frais généraux sont inhérents à l'administration de l'Étude; il est bon d'en connaître l'importance. — On passe écriture des frais généraux de la manière suivante :

DOIT (**) FRAIS GÉNÉRAUX

A CAISSE, payé au papetier le montant de sa note. . . . .

A reporter. . . . . . .

(*) Grammaticalement parlant, on devrait dire : *Doivent les profits et pertes;* mais il faut toujours sous entendre le mot *Compte* qui est le sujet; ainsi c'est le Compte des *profits et pertes* qui *Doit.*

(**) Même observation.

TOTALITÉ des OPÉRATIONS.	DIVERS		CAISSE		TIMBRE		ENREGISTREMENT		HONORAIRES		FRAIS GÉNÉRAUX		PROFITS & PERTES		CAPITAL	
	DÉBIT.	CRÉDIT.	DÉBIT.	CRÉDIT.	DÉBIT.	CRÉDIT.	DÉBIT.	CRÉDIT.	DÉBIT.	CRÉDIT.	DÉBIT.	CRÉDIT.	DÉBIT.	CRÉDIT.	DÉBIT.	CRÉDIT.
1,425 »	» »	» »	1,000 »	425 »	125 »	» »	300 »	» »	» »	» »	» »	» »	» »	» »	» »	1,000 »
409 »	409 »	» »	» »	25 »	» »	7 50	» »	302 50	» »	74 »	» »	» »	» »	» »	» »	» »
400 »	» »	400 »	400 »	» »	» »	» »	» »	» »	» »	» »	» »	» »	» »	» »	» »	» »
9 »	» »	9 »	» »	» »	» »	» »	» »	» »	» »	» »	» »	» »	9 »	» »	» »	» »
10 »	» »	» »	» »	10 »	» »	» »	» »	» »	» »	» »	10 »	» »	» »	» »	» »	» »
2,253 »	409 »	409 »	1,400 »	460 »	125 »	7 50	300 »	302 50	» »	74 »	10 »	» »	9 »	» »	» »	1,000 »

Report. . . . .

SOLDE DES COMPTES.

9° Supposons que les opérations de l'année soient arrivées à ce point; on s'assurera si les *débits* et les *crédits* des comptes sont égaux entre eux et encore avec la totalité des opérations qui s'élève à 2,253 fr. Si cela est, c'est une preuve qu'il n'y a point d'erreur.— On va s'assurer de ce fait :

	DÉBITS.	CRÉDITS.	EXCÉDANTS DES DÉBITS.	EXCÉDANTS DES CRÉDITS.
Divers.	409 »	409 »	» »	» »
Caisse.	1,400 »	460 »	940 »	» »
Timbre	125 »	7 50	117 50	» »
Enregistrement	300 »	302 50	» »	2 50
Honoraires.	» »	74 »	» »	74 »
Frais généraux	10 »	» »	10 »	» »
Profits et pertes.	9 »	» »	9 »	» »
Capital.	» »	1,000 »	» »	1,000 »
Égalité.	2,253 »	2,253 »	1,076 50	1,076 50

Après s'être assuré de l'exactitude des calculs, on fait la balance de tous les comptes, c'est-à-dire que tous les *débits* deviennent égaux aux *crédits* si, bien entendu, tous les calculs sont justes, sans quoi il est impossible d'arriver à ce résultat.

Pour faciliter la balance ou le solde des comptes, on ouvre au Grand-Livre un compte intitulé BALANCE DE SORTIE. — Ce compte reçoit fictivement tout l'actif et paie tout le passif; la différence constitue les bénéfices ou les pertes.

DIVERS.

10° Le compte de Divers se balance ici. — Son débit est égal à son crédit. Point de difficultés. — Dans la pratique, on verra rarement cet exemple, les débits seront toujours plus élevés que les crédits.— Dans ce cas, on prend la différence entre le débit et le crédit, et l'excédant du débit fait connaître le montant des recouvrements à faire par l'Étude. Cet un actif que la *Balance de sortie* porte à son *débit*, puisqu'elle *reçoit*.— On dira :

DOIT BALANCE DE SORTIE

A DIVERS : Telle somme pour recouvrements à faire et balance. . . . .

CAISSE.

11° Le compte de caisse se balance par 940 fr. excédant du débit sur le crédit; la balance de sortie s'en empare, et l'on dit :

DOIT BALANCE DE SORTIE (*)

A CAISSE pour ce qui reste en caisse et balance. . . . .

A reporter. . . . . . .

(*) La *Balance de sortie* est aussi un être moral qui a son compte particulier. J'ai donc pu faire figurer ses opérations au compte *Divers*, puisque ce compte résume tous ceux établis au Grand-Livre.

TOTALITÉ des OPÉRATIONS.	DIVERS		CAISSE		TIMBRE		ENREGISTREMENT		HONORAIRES		FRAIS GÉNÉRAUX		PROFITS & PERTES		CAPITAL	
	DÉBIT.	CRÉDIT.	DÉBIT.	CRÉDIT.	DÉBIT.	CRÉDIT.	DÉBIT.	CRÉDIT.	DÉBIT.	CRÉDIT.	DÉBIT.	CRÉDIT.	DÉBIT.	CRÉDIT.	DÉBIT.	CRÉDIT.
2,253 »	409 »	409 »	1,400 »	460 »	125 »	7 50	300 »	302 50	» »	74 »	10 »	» »	9 »	» »	» »	1,000 »
» »	» »	» »	» »	» »	» »	» »	» »	» »	» »	» »	» »	» »	» »	» »	» »	» »
940 »	940 »	» »	» »	940 »	» »	» »	» »	» »	» »	» »	10 »	» »	» »	» »	» »	» »
3,193 »	1,349 »	409 »	1,400 »	1,400 »	125 »	7 50	300 »	302 50	» »	74 »	10 »	» »	9 »	» »	» »	1,000 »

Report. . . . .

TIMBRE.

12° Le compte de timbre se balance activement par 117 fr. 50 que la balance de sortie va prendre avec cette formule :

DOIT BALANCE DE SORTIE
A TIMBRE pour le timbre restant en nature et balance . . . .

ENREGISTREMENT.

13° L'enregistrement est créancier de 2 fr. 50, la balance de sortie va les payer en employant cette formule :

DOIT ENREGISTREMENT
A BALANCE DE SORTIE pour ce qui est dû au receveur et balance . . . .

L'enregistrement est *débité* par l'application du même principe qui veut que celui qui reçoit doit à celui qui fournit. — La balance de sortie est *créditée*, puisqu'elle paie ou fournit.

HONORAIRES.

14° Quant aux honoraires, nous laissons de côté la *Balance de sortie* qui n'a rien à recevoir ni rien à payer. — Ce compte se balance par celui de *Profits et Pertes*, en disant :

DOIT HONORAIRES
A PROFITS ET PERTES pour balance . . . .

L'excédant du crédit sur le débit du compte des honoraires passe au crédit de *Profits et Pertes*. Ici c'est 74 fr. ronds, il n'y a rien au débit du compte *honoraires*. — Ce compte devient débiteur, puisqu'il *reçoit*. — Et celui de *Profits et Pertes* devient créancier d'autant. C'est un virement d'un compte à un autre sans que la *Balance de sortie* ait à s'en occuper.

FRAIS GÉNÉRAUX.

15° Les frais généraux se balancent par 10 fr. qu'il faut faire passer aussi au compte de *Profits et Pertes* sans l'intervention de la *Balance de sortie :* c'est un virement à faire. Le compte de *Profits et Pertes* va recevoir le montant des frais généraux dont il sera débité, et le *compte de frais généraux* sera crédité d'autant par la formule suivante :

DOIT PROFITS ET PERTES
A FRAIS GÉNÉRAUX pour balance . . . .

PROFITS ET PERTES.

16° En faisant l'addition du débit et du crédit du compte de *Profits et pertes*, on voit que la différence est de 55 fr. qu'il faut au débit pour la balance.

Le notaire avait bien gagné 74 fr., mais déduction faite tant des frais généraux, qui sont passés au compte de *Profits et pertes*, que des pertes qu'il a éprouvées, il ne lui reste plus que 55 fr. de bénéfices nets, ce qui est bien la vérité démontrée mathématiquement.

Pour solder le compte de *Profits et pertes*, on fait passer la différence du débit d'entre le crédit au compte de *Capital*, dans l'espèce on dira :

DOIT PROFITS ET PERTES
A CAPITAL pour bénéfices nets et balance. . . . .

A reporter. . . . . . .

TOTALITÉ des OPÉRATIONS.	DIVERS		CAISSE		TIMBRE		ENREGISTREMENT		HONORAIRES		FRAIS GÉNÉRAUX		PROFITS & PERTES		CAPITAL	
	DÉBIT.	CRÉDIT.	DÉBIT.	CRÉDIT.	DÉBIT.	CRÉDIT.	DÉBIT.	CRÉDIT.	DÉBIT.	CRÉDIT.	DÉBIT.	CRÉDIT.	DÉBIT.	CRÉDIT.	DÉBIT.	CRÉDIT.
3,193 »	1,349 »	409 »	1,400 »	1,400 »	125 »	7 50	300 »	302 50	» »	74 »	10 »	» »	9 »	» »	» »	1,000 »
117 50	117 50	» »	» »	» »	» »	117 50	» »	» »	» »	» »	» »	» »	» »	» »	» »	» »
2 50	» »	2 50	» »	» »	» »	» »	2 50	» »	» »	» »	» »	» »	» »	» »	» »	» »
74 »	» »	» »	» »	» »	» »	» »	» »	» »	74 »	» »	» »	» »	» »	74 »	» »	» »
10 »	» »	» »	» »	» »	» »	» »	» »	» »	» »	» »	» »	10 »	10 »	» »	» »	» »
55 »	» »	» »	» »	» »	» »	» »	» »	» »	» »	» »	» »	» »	55 »	» »	» »	55 »
3,452 »	1,466 50	411 50	1,400 »	1,400 »	125 »	125 »	302 50	302 50	74 »	74 »	10 »	10 »	74 »	74 »	» »	1,055 »

Report. . . .

CAPITAL.

17° Il reste à balancer le compte de CAPITAL. On se servira de la *Balance de sortie;* elle a à recevoir tous les bénéfices pour se couvrir de ce qu'elle a payé pour la balance des comptes. Dans l'espèce, elle touchera le capital primitif de 1,000 fr., plus les bénéfices réalisés, ensemble 1,055 fr., et l'on dira :

DOIT CAPITAL

A BALANCE DE SORTIE pour capital net et bénéfices réalisés. . . . .

Si le compte de capital devait se balancer par des pertes, on dirait : Doit BALANCE DE SORTIE à CAPITAL, pour balance et pertes : 00 fr. 00.

Égalité ou solde de tous les comptes. . . . .

Remarquez que dans la balance générale des comptes, la *Balance de sortie* n'intervient que pour les comptes *Divers, Caisse, Timbre, Enregistrement* et *Capital;* mais qu'on se passe de son office pour le solde des comptes *Honoraires, Frais généraux* et *Profits et pertes.*

18° RÉSUMÉ.

La clôture des opérations d'une période quelconque de temps donne au notaire sa situation entière. Il sait par exemple :

Sur le Compte Divers.

Que les actes qu'il a faits lui ont donné un recouvrement total à faire de	409	»
Que ses clients se sont libérés de	409	»
Pourquoi balance.	00	»

Sur le Compte de Caisse.

Qu'il a reçu	1,400	»
Qu'il a dépensé	460	»
Que son encaisse est de.	940	»

Sur le Compte de Timbre.

Qu'il a acheté du timbre pour.	125	»
Qu'il en a employé pour.	7	50
Et qu'il en reste en nature pour	117	50

Sur le Compte d'Enregistrement.

Qu'il a versé.	300	»
Qu'il redoit	2	50
Somme égale à l'Enregistrement de ses actes.	302	50

TOTALITÉ des OPÉRATIONS.	DIVERS		CAISSE		TIMBRE		ENREGISTREMENT		HONORAIRES		FRAIS GÉNÉRAUX		PROFITS & PERTES		CAPITAL	
	DÉBIT.	CRÉDIT.	DÉBIT.	CRÉDIT.	DÉBIT.	CRÉDIT.	DÉBIT.	CRÉDIT.	DÉBIT.	CRÉDIT.	DÉBIT.	CRÉDIT.	DÉBIT.	CRÉDIT.	DÉBIT.	CRÉDIT.
3,452 »	1,466 50	411 50	1,400 »	1,400 »	125 »	125 »	302 50	302 50	74 »	74 »	10 »	10 »	74 »	74 »	» »	1,055 »
1,055 »	» »	1,055 »	» »	» »	» »	» »	» »	» »	» »	» »	» »	» »	» »	» »	1,055 »	» »
4,507 »	1,466 50	1,466 50	1,400 »	1,400 »	125 «	125 »	302 50	302 50	74 »	74 »	10 »	10 »	74 »	74 »	1,055 »	1,055 »

Sur le Compte d'Honoraires.

Que les honoraires se sont élevés à		74 »

Sur le Compte des Frais généraux.

Que les frais généraux sont de	10	

Sur le Compte de Profits et Pertes.

Que ses pertes ont été de.	9	
Ensemble	19 . .	19 »
Que déduction faite de ses frais généraux et de ses pertes, ses bénéfices sont de		55 »

Sur le Compte de Capital.

Que son capital est de	1,055 »
Qu'il était originairement de	1,000 »
Augmentation de.	55 »

Qu'on se donne la peine d'étudier attentivement le rôle que joue chaque compte, les résultats qu'il produit, et l'on sera bien vite convaincu que l'enchaînement de tous les comptes n'est point dû au caprice, mais qu'il prend sa source dans les plus hautes combinaisons mathématiques. Une fois cette étude faite, on connaîtra la comptabilité, et quiconque s'instruit dans la comptabilité est avec le progrès et proclame l'économie de ma méthode.

REMARQUES.

19e **1° A quelque époque que ce soit, le notaire veut-il savoir ce qu'il a gagné?**

Les additions de chaque page du journal le lui disent.
En effet, du montant des Honoraires qu'on retranche :
1° Les Frais généraux,
2° Et les Pertes.
On trouve par une simple soustraction le montant des bénéfices ou des pertes.

2° Le notaire veut-il connaître, non pas ses bénéfices ou ses pertes, mais le montant de son ACTIF ou de son PASSIF?

Il fera cette opération :
Il prendra le montant des *débets* des comptes *Divers, Caisse, Timbre* et *Enregistrement*; il les totalisera.
Il en déduira les *crédits*.
L'excédant des débets donnera l'*actif* du notaire. L'excédant des crédits donnera le *passif*.

3° Remarquez les rapports qu'ont entre eux les comptes sur lesquels on vient d'opérer, savoir :

La Caisse avec :

Capital, n° 2.	Divers, n°s 5 et 6.
Timbre, n° 3.	Frais généraux, n° 8.
Enregistrement, n° 4.	Balance de sortie, n° 10.

Le Timbre avec :

La Caisse, n° 3.	Balance de sortie, n° 12.
Divers, n° 5.	

L'Enregistrement avec :

La Caisse, n° 4.	Balance de sortie, n° 13.
Divers, n° 5.	

Les Honoraires avec :

Divers, n° 5.	Profits et Pertes, n° 14.

Les Frais généraux avec :

La Caisse, n° 8.	Profits et Pertes, n° 15.

Les Profits et Pertes avec :

Divers, n° 7.	Frais généraux, n° 15.
Honoraires, n° 14.	Capital, n° 16.

Le Capital avec :

La Caisse, n° 2.	Balance de sortie, n° 17.
Profits et Pertes, n° 16.	

Divers avec :

La Caisse, n° 6.	Les Honoraires, n° 5.
Le Timbre, n° 5.	Profits et Pertes, n° 7.
L'Enregistrement, n° 5.	Balance de sortie, n° 10.

Balance de sortie avec :

Divers, n° 10.	Enregistrement, n° 13.
Caisse, n° 11.	Capital, n° 17.
Timbre, n° 12.	

Ces dernières remarques sont faites pour faciliter la recherche d'un compte en rapport avec un autre.

20° MANIÈRE D'OUVRIR LES ÉCRITURES POUR L'ANNÉE SUIVANTE.

Quand les écritures ont été ainsi arrêtées, on recommence l'année suivante les mêmes opérations de l'année précédente; on ouvre les écritures de la manière suivante :

On s'est servi, pour clore les opérations, d'une *Balance de sortie*. Pour les rouvrir, on se servira d'une autre Balance, appelée *Balance d'entrée;* ses fonctions consistent à faire tout le contraire de l'autre balance : l'une a pris, l'autre va rendre. — On dira donc :

DOIVENT les suivants
A BALANCE D'ENTRÉE :

1° DIVERS, pour l'excédant du débit sur le crédit (*) ou valeur à nouveau.	00	00
2° CAISSE, pour le montant de l'encaise.	940	»
3° TIMBRE, pour ce qui en reste en nature	117	50
Ensemble.	1,057	50

DOIT BALANCE d'ENTRÉE

A ENREGISTREMENT, pour ce qui reste dû au receveur	2	50
A CAPITAL, pour le capital nouveau du notaire.	1,055	»
Même somme.	1,057	50

Cela fait, on continue les opérations de l'année comme la précédente.

A ce moyen, la Balance d'entrée se trouve soldée et ne peut, par conséquent, influer en rien sur les résultats des opérations de l'année; c'est un simple auxiliaire dont on est débarrassé aussitôt sa mission remplie.

La Balance d'entrée comme la Balance de sortie figurent au Grand-Livre pour ordre, elles sont toujours balancées en clôturant une année comme en en rouvrant une autre. On doit même se dispenser de les mentionner dans le relevé des comptes du Grand-Livre.

(*) Dans cet exemple, le compte *Divers* se balance; mais j'ai tenu à donner la formule pour le cas où cette balance n'existe pas.

BROUILLON OU LIVRE DE CAISSE.

OBSERVATIONS PRÉLIMINAIRES.

Maintenant que j'ai exposé le principe et les règles de la comptabilité, je vais donner l'exemple pratique des opérations d'une année.

Je commence par le brouillon de caisse qu'il est bon d'avoir pour inscrire instantanément les recettes et les dépenses, et comme moyen facile de connaître son encaisse à chaque instant. Les opérations contenues en ce livre sont toutes reportées au journal ; la preuve de ce report se trouve dans le numéro du journal mis dans la première colonne aussitôt l'opération du report achevée.

Ce registre-brouillon est bien simple pour les recettes qui se trouvent toutes reportées au journal dans leur mois correspondant, c'est-à-dire que toutes les recettes de janvier, constatées au brouillon, figurent dans le même mois au journal. — —Quant aux dépenses, il n'en est pas de même,—jetez un coup d'œil anticipé sur le journal et vous verrez que l'économie de sa disposition, c'est de grouper sous un même numéro tous les éléments qui constituent le coût d'un acte, c'est la note des frais qui se fait là, pour ainsi dire d'elle-même, au fur et à mesure de l'accomplissement des formalités. Ces formalités sont-elles accomplies, que la note est faite d'une manière complète, sans omission possible.— Or, dans le coût d'un acte, on a :

Le timbre.

L'enregistrement.

Les honoraires.

Les expéditions, grosses, extraits.

Les dépenses d'hypothèques, d'insertions, de publications, de ports, d'affranchissements, etc.

Tout cela ne se fait pas en un jour. On compte ordinairement quatre mois pour l'accomplissement des formalités hypothécaires sur un contrat qui en est susceptible.—Or, il se trouve nécessairement, comme on le verra, des dépenses faites dans des mois ultérieurs à la date de l'acte. Supposez un acte fait en janvier: —si c'est une vente, vous aurez en mars une dépense de transcription; cette dépense figurera, bien entendu, à sa date sur le livre de caisse, et de là vous la reportez au numéro sous lequel est inscrite la vente, c'est-à-dire au mois de janvier. Comme on groupe au journal toutes les dépenses faites sur un acte, quelles que soient leurs dates, il s'ensuit forcément que, pour un contrat de vente fait au mois de janvier, il s'y mêlera des dépenses faites en mars ou dans d'autres mois, mais toujours postérieures au mois dans lequel est porté ce contrat. Les dépenses faites sur un acte quelconque, rassemblées sous le même numéro, appartiennent fatalement à des mois divers; la nature des opérations de la comptabilité notariale le veut ainsi.

Était-ce une raison pour ne pas établir un contrôle sûr et efficace de toutes les dépenses constatées au livre de caisse et reportées au journal dans des mois différents sous les numéros des actes que ces dépenses concernent? Non!

Pour les RECETTES, la preuve que toutes celles constatées au livre de caisse sont reportées sans omission aucune au journal, résulte de l'addition mensuelle de l'un et l'autre livre; il faut qu'il y ait conformité : les mêmes chiffres doivent donner les mêmes résultats.

Pour les DÉPENSES, il faut donc établir entre les deux livres une corrélation infaillible. On la trouve dans la division des dépenses sur le livre de caisse. Quand vous faites en mars une dépense pour un acte du mois de janvier, vous inscrivez cette dépense à sa date au livre de caisse, et, dans les colonnes en regard établies pour l'application des dépenses, vous en faites figurer le chiffre dans le mois de janvier. Exemple : n°s 5, 6, 8 du journal.

Cette division des dépenses que la nature des choses oblige de faire pour créer un contrôle désirable, a donc pour résultat de faire connaître toutes les dépenses qui entrent dans chaque mois au journal. Les totaux des mois de l'application des dépenses seront conformes au totaux des mois correspondants du journal.

Y a-t-il rigoureusement nécessité d'établir, pour la comptabilité notariale, un Journal-Grand-Livre, c'est-à-dire avec toutes les colonnes pour les comptes qu'il comporte, et un livre de caisse avec la division mensuelle pour l'application de la dépense? — Non. — On peut, tout en faisant de la bonne comptabilité, se passer de toutes ces colonnes. Si je les maintiens, si je les préconise, si moi-même j'ai pratiqué mon système en en faisant usage, c'est que j'ai eu des raisons puissantes pour les conserver, et voici en deux mots ces raisons :

1er Cas. — Comptabilité sans colonnes.

Vous constatez sur votre livre de caisse les Recettes et les Dépenses, sans application aucune pour celles-ci; — vous reportez les unes et les autres au journal : les recettes dans le même mois, et les dépenses dans les divers mois auxquels elles s'appliquent; et toutes les opérations constatées au journal forment, comme dans tous les systèmes possibles, la matière du Grand-Livre.

Vous arrivez ainsi à la fin de l'année. — Vous faites le relevé de vos comptes au Grand-Livre pour savoir votre situation, seul moyen de la savoir sans les colonnes. — Si les chiffres du relevé général concorde avec ceux du journal, vous acquerrez la preuve que vos opérations ont été bien faites, que les résultats sont justes.

Mais supposez le contraire, cas trop probable: — que les chiffres ne concordent pas, — qu'êtes-vous obligé de faire? — un pointage de toutes les opérations de l'année pour trouver l'erreur; travail long, minutieux et fatiguant, exigeant le concours de deux personnes, et auquel il est même difficile de se livrer dans les Études un peu chargées, les affaires courantes absorbant tout votre temps. —Enfin vous vous mettez à l'œuvre, vous réparez des erreurs trop tardivement reconnues au préjudice de l'Étude, telles que des dépenses oubliées se rattachant à des actes payés.— Vous arrivez après beaucoup de temps, beaucoup de peine à connaître la situation de l'Étude et après un an écoulé encore!

Pour que ce surcroît de travail ne soit pas à craindre, il faut ne commettre aucune erreur dans le cours de l'année, — et quel est le comptable assez sûr de lui-même pour répondre que, sans contrôle aucun, il conduira ses opérations d'une année sans faire d'erreur? — Quant à moi, j'ai la conviction, qu'en supprimant les colonnes, on accumule sur soi une dette lourde qu'il faudra payer au bout de l'année par une peine considérable, par la perte d'un temps précieux, finalement par de l'argent, sans que le notaire ait eu dans le cours de l'année la satisfaction de savoir où en étaient ses affaires.

2e Cas. — Comptabilité avec les colonnes

La comptabilité avec les colonnes et la division mensuelle pour les dépenses dont l'utilité et les services ont été consacrés par la pratique, offre les avantages suivants :

De connaître jour par jour la position de l'Étude (en rétrogradant de quatre mois, temps présumé nécessaire pour les formalités hypothécaires);

De contrôler les opérations au fur et à mesure qu'elles s'opèrent, et d'avancer ainsi d'un pas ferme et sûr vers la fin de l'année sans qu'il y ait à craindre la moindre erreur, puisque cette erreur n'est pas sitôt commise qu'elle est reconnue et rectifiée.

D'abréger les écritures pour une infinité d'articles, tels que ceux concernant le *Timbre*, l'*Enregistrement*, les *Frais généraux*, la *Caisse*, les *Profits et Pertes*, etc., etc., lesquels articles ne figurent au Grand-Livre qu'en bloc, tandis que sans les colonnes (qui groupent tous les articles), il faut les reporter un à un du Journal au Grand-Livre.

De pouvoir faire le solde des comptes (n° 9 de la Théorie) quand on le désire, puisque l'on peut opérer sur des chiffres certains, arrêtés et vérifiés chaque jour.

Donc les colonnes, avec la vérification et le contrôle qu'elles facilitent, assurent au notaire la certitude des résultats de la comptabilité *à tout instant* et d'une manière définitive, en occasionnant *moins de travail* que le système qui exclut ces colonnes.

En un mot :

Avec les colonnes : Travail sûr de tous les jours, contrôlé et vérifié; — connaissance de sa position entière par les additions de chaque page; — économie de temps.

Sans les colonnes : Travail incertain de toute une année, sans savoir sa position avant l'expiration de cette année; — augmentation de travail par le report d'un grand nombre d'articles du Journal au Grand-Livre, faute de pouvoir les grouper; — et expectative d'un grand travail de pointage en cas d'erreurs.

C'est par ces raisons, puisées dans la pratique, que j'ai préféré établir ma méthode avec les colonnes.

NUMÉROS DU JOURNAL.	NOMS DES COMPTES.	ÉNONCIATION DES ARTICLES.	RECETTES.	DÉPENSES.
		BROUILLON DE CAISSE.		
		Janvier 1860.		
		2		
1	**Caisse**	Le notaire verse dans la caisse de l'Étude.	1,000 »	
1	**Timbre**	Achat de timbre.		160 »
		4		
9	**Martin**	Reçu à compte de mariage, n° 2.	30 »	
		5		
3	**Isambert**	Payé pour annonce sur n° 3		4 60
4	**Enregistrement**	Versé.		300 »
		10		
4	**Lherbette**	Payé pour annonce, n° 4		90 95
		15		
7	**Desmoutier**	Payé pour signification, n° 7		15 »
		20		
9	**Desmoutier**	Reçu n° 7.	127 15	
		31		
14	**Frais généraux**	Payé à M. X ses appointements. 200		
14	**Id.**	— à M. X id. 100		300 »
14	**Id.**	Payé au papetier, note de fournitures.		25 »
		Février.	1,157 15	895 55
		1		
8	**Dulimon**	Payé au greffe pour publication de société, n° 8. .		22 30
8	**Id.**	— pour même cause aux journaux judiciaires, les *Petites-Affiches*, le *Droit*, le *Moniteur*		34 35
20	**Martin**	Reçu solde du n° 2.	26 20	
20	**Isambert**	— n° 3	39 75	
		2		
20	**Lherbette**	Reçu, n° 4	207 73	
		12		
17	**Coquart**	Payé impression d'affiches, n° 17.		15 25
20	**Millé**	Reçu, n° 6	216 90	
		14		
17	**Coquart**	Payé pour apposition d'affiches, n° 17.		3 »
»	**Id.**	— pour insertion légale, id.		6 90
»	**Id.**	— pour insertions ordinaires, id.		30 »
»	**Id.**	— sommation de comparaître, id.		10 45
»	**Id.**	— procès-verbal d'apposition d'affiches, id. . . .		6 75
		18.		
12	**Diverton**	Payé inscription, n° 12.		31 »
		28		
20	**Frais généraux**	Payé appointements des clercs, n° 20		300 »
20	**Id.**	— ports et affranchissements dans le mois . . .		15 »
		Mars.	1,647 73	1,370 55
		1		
5	**Malot**	Payé radiation, n° 5.		1 35
21	**Boulnois**	— pour timbre et enregistrem. d'un plan, n° 21.		2 70
		8		
6	**Millé**	Payé publication, n° 6.		32 65
13	**Dubois**	— radiation et port, n° 13		2 35
		9		
24	**Gaudichon**	Reçu à valoir, f° 2.	2,000 »	
24	**Boulnois**	— à valoir, n° 21.	12,000 »	
		14		
24	**Tétart**	Reçu, n° 19.	7 25	
24	**Duvoye**	Reçu, n° 10.	12 35	
		30		
23	**Enregistrement**	Versé		10,500 »
25	**Frais généraux**	Payé pour tampon.		6 »
25	**Id.**	— ports et affranchissements.		12 »
25	**Id.**	— appointements des clercs		300 »
		A reporter.	15,667 33	1,2227 60

APPLICATION DE LA DÉPENSE SEULEMENT.												Méthode H. OUDIN *déposée.*
Janvier.	Février.	Mars.	Avril.	Mai.	Juin.	Juillet.	Août.	Septembre	Octobre.	Novembre	Décembre.	
460 »												
4 60												
300 »												NOTA. La récapitulation plus bas n'a d'autre objet que de s'assurer de l'exactitude de la répartition de la dépense.
90 95												
15 »												
300 »												
25 »												
22 30												
34 35												
	15 35											
	3 »											
	6 90											
	30 »											
	40 45											
	6 75											
31 »												
	300 »											
	15 »											
1 35												**RÉCAPITULATION** de la dépense mensuelle
		2 70										
32 05												Janvier.. 1,019 55 Février.. 387 35 Mars.... 10,820 70 Avril.... Mai...... Juin..... Juillet.. Août.... Septembre Octobre.. Novembre Décembre
2 35												
		10,500 »										
		6 »										
		12 »										
		300 »										
1,019 55	387 35	10820 70	» »	» »	» »	» »	» »	» »	» »	» »	» »	12,227 60

NUMÉROS DU JOURNAL.	NOMS DES COMPTES.	ÉNONCIATION DES ARTICLES.	RECETTES.	DÉPENSES.
		Report.	15,667 33	12,227 60
		Avril.		
		15		
29	**Enregistrement**. . . .	Versé		530 20
		18		
30	**Piquet**.	Reçu, n° 11.	99 90	
30	**Diverton**.	— n° 12.	37 70	
30	**Dubois**	— solde modéré, n° 13	100 »	
30	**Cames**.	— n° 16.	161 40	
		25		
29	**Timbre**.	Achat de 4 mains, à 1 fr. 25		125 »
		30		
30	**Frais généraux**. . . .	Payé appointements des clercs		300 »
30	**Id.**	— cotisation à la chambre.		100 »
		Mai.	16,066 33	13,282 80
		1		
21	**Boulnois**.	Payé transcription, n° 21..		82 70
		4		
34	**Martin**	Reçu, n° 18.	13 »	
34	**Boulnois**.	— solde modéré, n° 21	340 »	
		15		
34	**Gaudichon**.	Reçu solde modéré de son compte, n°ˢ 22 et 23 (*).	80 »	
34	**Enregistrement**. . . .	Versé..		104 40
34	**Hardy**.	Reçu, n° 26	740 »	
		30		
35	**Frais généraux**. . . .	Payé appointements des clercs		300 »
35	**Id.**	— ports et affranchissements.		30 »
		Juin.	17,239 33	13,799 90
		1		
26	**Hardy**	Payé transcription, n° 26		25 »
40	**Adige**.	Reçu, n° 27, à valoir	100 »	
		2		
31	**Chapelain**	Payé subrogation, n° 31.		2 50
		10		
38	**Enregistrement**. . . .	Versé		82 50
		15		
40	**Panier**	Reçu, n° 28.	30 »	
		22		
39	**Lacceuil**	Payé description, n° 39.		16 80
36	**Gateau**	— inscription, n° 36.		13 95
36	**Id.**	— signification, n° 36		7 75
		30		
40	**Frais généraux**	Payé appointements des clercs		300 »
40	**Id.**	— affranchissements		40 »
		A reporter.	17,369 33	14,258 40

(*) Quand il y a plusieurs Nᵒˢ, on indique le folio du compte au Grand-Livre. — On peut même le faire quand il n'y a qu'un numéro.

APPLICATION DE LA DÉPENSE SEULEMENT.												Méthode H. OUDIN *déposée.*
Janvier.	Février.	Mars.	Avril.	Mai.	Juin.	Juillet.	Août.	Septembre	Octobre.	Novembre	Décembre.	
1,019 55	387 35	10820 70										
			530 20									
			125 »									
			300 »									
			100 »									
		82 70										
				104 40								
				300 »								
				30 »								
			25 »									
				2 50								**RÉCAPITULATION** de la dépense mensuelle
					82 50							
					16 80							Janvier... 1,019 55 Février.. 387 35 Mars..... 10,903 40 Avril.... 1,080 20 Mai...... 436 90 Juin..... 431 »
					13 95							
					7 75							Juillet... Août....
					300 »							Septembre Octobre...
					10 »							Novembre Décembre
1,019 55	387 35	10903 40	1,080 20	436 90	431 »	» »	» »	» »	» »	» »	» »	14,258 40

NUMÉROS DU JOURNAL.	NOMS DES COMPTES.	ÉNONCIATION DES ARTICLES.	RECETTES.	DÉPENSES.
		Report.	17,369 33	14,258 40
		Juillet.		
		4		
42	**Plique**.	Payé légalisation, n° 42.		» 50
		12		
43	**Chapelain**.	Reçu, n° 31.	234 50	
43	**Renard**.	— n° 32.	504 15	
		20		
44	**Enregistrement**. . . .	Versé		7 70
		25		
44	**Vie**, avoué.	Payé frais d'envoi en possession, n° 39.		50 »
		30		
45	**Frais généraux**. . . .	Payé cotisation à la Chambre.		100 »
45	**Id.**	— appointements des clercs		300 »
45	**Id.**	— ports et affranchissements.		12 »
			18,107 98	14,728 60
		Août.		
		5		
46	**Vassor**	Payé impression d'affiches, ...		33 »
50	**Gateau**	Reçu, n° 36.	146 45	
46	**Vassor**	Payé apposition d'affiches, n° 46		10 »
46	**Id.**	— insertion dans les journaux, n° 46.		80 »
46	**Id.**	— procès-verbal d'apposition, n° 46.		7 60
50	**Baudoux**.	Reçu, n° 37.	60 »	
		15		
50	**Duchemin**.	Reçu, n° 38.	31 10	
47	**Marsaux**.	Payé insertion dans les *Petites-Affiches*, n° 47. .		5 »
49	**Enregistrement**. . . .	Versé		4 40
50	**Laccueil**.	Reçu, n° 39.	104 55	
		28		
50	**Frais généraux**	Payé appointements des clercs		300 »
50	**Id.**	Achat de papier pot.		7 »
			18,450 08	15,175 60
		Septembre.		
		1		
54	**Navier**	Reçu, n° 41.	35 45	
54	**Luchon**.	— n° 51.	398 35	
		10		
53	**Enregistrement**. . . .	Versé		51 70
		30		
55	**Timbre**.	Achat de 4 mains		125 »
55	**Frais généraux**	Payé appointements des clercs		300 »
55	**Id.**	Achat de timbres poste		5 »
		A reporter.	18,883 88	15,657 30

APPLICATION DE LA DÉPENSE SEULEMENT.												Méthode H. OUDIN *déposée.*
Janvier.	Février.	Mars.	Avril.	Mai.	Juin.	Juillet.	Août.	Septembre	Octobre.	Novembre	Décembre.	
1,019 55	387 35	10903 40	1,080 20	436 90	451 »	» »	» »	» »	» »	» »	» »	
						» 50						
						7 70						
						50 »						
						100 »						
						300 »						
						12 »						
							33 »					
							40 »					
							80 »					
							7 60					
							5 »					
							4 40					
							300 »					
							7 »					
												RÉCAPITULATION de la dépense mensuelle
												Janvier.. 10,019 55
												Février.. 587 35
												Mars.... 10,903 40
												Avril 1,080 20
								51 70				Mai...... 436 90
												Juin..... 451 »
												Juillet... 470 20
								125 »				Août.... 447 »
								300 »				Septembre 481 70
								5 »				Octobre...
												Novembre
												Décembre
1,019 55	387 35	10903 40	1,080 20	436 90	451 »	470 20	447 »	481 70	» »	» »	» »	15,657 30

NUMÉROS DU JOURNAL.	NOMS DES COMPTES.	ÉNONCIATION DES ARTICLES.	RECETTES.	DÉPENSES.
		Report.	18,883 88	15,657 30
		Octobre.		
		1		
60	**Flandrin**.	Reçu, n° 52.	255 60	
59	**Enregistrement** . . .	Versé		124 19
		8		
59	**Breugnon**.	Payé son compte.		24 »
60	**Lafille**.	Reçu à valoir sur n° 57	35 60	
60	**Durand**.	Reçu n°s 54 et 58.	63 60	
		30		
60	**Frais généraux**	Payé appointements des clercs		300 »
60	**Id.**	— cotisation à la Chambre.		100 »
			19,238 68	16,205 49
		Novembre.		
		6		
61	**Bouttefol**.	Payé signification, n° 61		7 75
63	**Thinot**	— impression d'affiches, n° 63.		14 »
63	**Id.**	— apposition d'affiches, n° 63		3 »
63	**Id.**	— insertion dans le journal, n° 63.		20 »
		8		
62	**Borniche**.	Payé enregistrement d'ordonnance de référé, n° 62		3 50
		25		
65	**Enregistrement**. . . .	Versé		637 78
		30		
65	**Frais généraux**. . . .	Payé appointements des clercs		300 »
			19,238 68	17,191 32
		Décembre.		
		1		
68	**Lalonde**	Reçu, n°s 19, 53 et 58	132 »	
68	**Lafille**.	— n° 57	205 79	
		5		
67	**Duguet**.	Reçu, n° 66.	28,000 »	
68	**Plique**.	Payé légalisation, n° 67.		» 50
		10		
68	**Plique**.	Reçu n°s 42 et 67	14 »	
68	**Bouttefol**.	— n° 61.	465 80	
68	**Grégoire**.	— n° 64.	406 80	
		15		
61	**Bouttefol**.	Payé subrogation, n° 61.		4 05
		25		
63	**Thinot**	Payé transcription, n° 63.		15 »
69	**Enregistrement**. . . .	Versé solde		24,181 73
		30		
70	**Frais généraux**. . . .	Payé appointements des clercs.		300 »
70	**Id.**	— cotisation à la Chambre.		100 »
70	**Id.**	— pour étrennes		50 »
		TOTAUX.	48,463 07	41,842 60

APPLICATION DE LA DÉPENSE SEULEMENT.												Méthode H. OUDIN *déposée.*
Janvier.	Février.	Mars.	Avril.	Mai.	Juin.	Juillet.	Août.	Septembre	Octobre.	Novembre	Décembre.	
1,019 55	387 35	10903 40	1,080 20	436 90	431 »	470 20	447 »	481 70	» »	» »	» »	
									124 19			
									24 »			
									300 »			
									100 »			
										7 75		
										14 »		
										3 »		
										20 »		
										3 30		
										637 78		
										300 »		
											» 50	
												RÉCAPITULATION de la dépense mensuelle Janvier... 1,019 55 Février.. 387 35 Mars..... 10,903 40 Avril..... 1,080 20 Mai..... 436 90 Juin..... 431 » Juillet... 470 20 Août..... 447 » Septembre 481 70 Octobre... 588 19 Novembre 1,004 88 Décembre 24,632 23
										4 05		
										15 »		
											24181 73	
											300 »	
											100 »	
											50 »	
1,019 55	387 35	10903 40	1,080 20	436 90	431 »	470 20	447 »	481 70	548 10	1,004 88	24632 23	41,842 60

JOURNAL-GRAND-LIVRE

OU SIMPLEMENT

JOURNAL.

SA DISPOSITION.

Le Journal comporte plusieurs colonnes :

La 1re sert aux numéros d'ordre qui se continuent pendant tout l'exercice du notaire.

La 2e est destinée aux dates des opérations, c'est-à-dire la date des actes, celle des recettes et des dépenses, etc.

La 3e indique le folio du Grand-Livre où se trouve reporté l'article du Journal.

La 4e sert à indiquer l'accomplissement des formalités hypothécaires; la remise des pièces, surtout des *grosses* avec la signature du créancier pour la décharge du notaire; les noms des correspondants; enfin elle est destinée à recevoir toutes les observations et tous les renseignements utiles à conserver.

La 5e et la 6e servent à inscrire toutes les opérations qui se passent dans l'Étude avec l'indication des noms, prénoms, professions et domiciles des clients. C'est à la 6e qu'on établit la note des frais au fur et à mesure de l'accomplissement des formalités et telle qu'on la présente aux clients; c'est la colonne du DÉBIT. — La 5e, qui est celle du CRÉDIT, sert particulièrement au notaire pour l'aider à passer les écritures au crédit des comptes : *Timbre, Enregistrement, Honoraires, Caisse*, etc., etc.; ces comptes sont indiqués par leurs initiales et font voir ce que chaque acte procure de bénéfice; ce qui n'est pas indifférent de connaître instantanément quand un client sollicite une modération du coût de l'acte, afin de savoir si l'on peut ou non accéder à sa demande.

La 7e colonne contient *la totalité des opérations*. C'est la pierre angulaire de la comptabilité; c'est vers cette colonne que toutes les autres convergent. Elle comporte à elle seule tous les éléments des autres comptes; c'est elle qui les forme; c'est par elle qu'on obtient leur *contrôle* si sûr et si rigoureux et c'est elle qui aide si puissamment à donner la preuve mathématique des opérations : il faut que la totalité du *débit* et du *crédit* de tous les comptes vienne concorder avec cette colonne, c'est-à-dire que cette colonne égalera le débit et le crédit des autres comptes.

De cette colonne, on arrive aux huit comptes suivants : — DIVERS, CAISSE, TIMBRE, ENREGISTREMENT, HONORAIRES, FRAIS GÉNÉRAUX, PROFITS ET PERTES et CAPITAL. — Chacun d'eux a deux colonnes : l'une pour le *débit* et l'autre pour le *crédit*.

Les colonnes renfermant ces huit comptes sont-elles nécessaires, indispensables au système? Non. — On peut les supprimer toutes sans que le système en soit affecté; mais elles sont si utiles que, loin de les détruire, je conseille fortement de les conserver et de s'en servir. Elles représentent l'ensemble de tous les comptes ouverts au Grand-Livre. On a, à la fin de chaque page, sa situation sans faire aucun relevé de tous les comptes. — D'un autre côté, pour passer les écritures relatives aux comptes de *Caisse*, d'*Enregistrement*, d'*Honoraires*, de *Frais généraux* et de *Profits et Pertes*, on gagne un temps immense. Ces comptes, au Grand-Livre, se résument en un chiffre unique, qui est le total de la colonne du journal pour l'année; autrement il faut reporter au Grand-Livre chaque article du Journal en détail, ce qui est moins expéditif, et jugez ensuite du temps qu'il faudra pour le relevé général des comptes que les colonnes vous donnent sans perdre une minute et d'une manière permanente.

Le 1er de ces huit comptes est celui de DIVERS.— Au *débit* figure tout ce qui est dû au notaire pour les affaires traitées dans son étude; — au *crédit* figure tout ce qui diminue les débits, c'est-à-dire les recettes faites ou les modérations sur le coût des actes, ce qui se passe par Profits et Pertes.

L'excédant du débit sur le crédit de ce compte Divers constitue le montant des recouvrements dus au notaire.

Le 2e compte est celui de CAISSE.— Au *débit* figurent toutes les recettes : *recette* et *débit* sont synonymes en comptabilité, puisque c'est celui qui *reçoit* qui *doit*. — Au *crédit* figurent toutes les dépenses.

Le 3e est celui de TIMBRE.— Au *débit* on porte tout le timbre qu'on achète; — au *crédit* tout le timbre qu'on emploie, qu'on lacère ou qu'on cède. Je dis cédé, non pas que le notaire fasse commerce de timbre; mais il arrive fréquemment qu'il en cède quelques feuilles à ses clients par pure obligeance.—On comprend d'ailleurs que, quel que soit l'usage que l'on fasse du timbre, il faut porter au crédit tout ce que l'on en prend, de sorte qu'avec ce qui en reste en nature on trouve la balance du compte. Si la balance ne se trouve pas, il sera arrivé qu'on aura oublié de porter tout le timbre employé, lacéré ou cédé, — ou bien, si l'on trouve un boni au lieu d'un déficit, c'est qu'on aura compté du timbre pour des grosses ou expéditions qui restent à faire et que l'on a considérées comme faites en réglant avec un client; ce boni, qui en est bien un au point de vue des règles de la comptabilité, n'est qu'un bénéfice temporaire, éventuel, puisqu'il doit disparaître aussitôt que seront faites les expéditions ou grosses évaluées par anticipation. Il ne faudrait donc pas s'étonner de trouver des balances de fin d'année avec un bénéfice résultant du compte de timbre.

Le 4e est celui de l'ENREGISTREMENT.— Les sommes versées au receveur figurent au *débit*, et l'enregistrement des actes est porté au *crédit*. Ce compte est l'image de celui qu'a l'Étude avec le receveur; — ainsi l'enregistrement d'actes sous seings privés faits en d'autres bureaux ne figure pas à ce compte.—Ces sortes de dépenses figurent au compte de CAISSE et au compte du client que cela concerne.

Par ce moyen, les états que fournit un notaire lorsqu'il cède son étude, sont conformes aux états qui peuvent être demandés à son receveur d'enregistrement; ce qui est bien fait pour en démontrer toute la sincérité au Gouvernement.

Le 5e est celui des HONORAIRES.— Au *débit* de ce compte on porte tout ce qui peut être à la charge des Honoraires. On ne s'en sert généralement que pour la balance des comptes comme on le voit au n° 14 de la Théorie, ou pour rectifier des erreurs par des contre-passements d'écritures.

Au *crédit*, on porte les honoraires dus au notaire pour ses actes ou toutes autres opérations. Il faut prendre ici le mot honoraire dans son acception la plus large, car, par ce mot, on comprend non-seulement les honoraires de la minute proprement dite, mais les honoraires des expéditions, grosses, extraits, enfin tout ce qui revient net au notaire pour chaque acte ou opération. Ce sont ces honoraires réunis qui figurent à l'initiale H de la 5e colonne.

Le 6e est celui des FRAIS GÉNÉRAUX.— Tout ce que le notaire dépense en frais de bureaux et toutes les dépenses nécessitées par l'administration de l'Étude figurent au *débit*. — Quant au *crédit*, il ne sert guère que pour la balance des comptes ou pour rectifier des erreurs par des contre-passements d'écritures. (Voir n° 15 de la Théorie.)

Le 7e est celui de PROFITS ET PERTES.—Au *débit*, on porte toutes les pertes que le notaire éprouve, soit pour modération de notes de frais, soit par suite de la déconfiture ou l'insolvabilité de ses clients. — Au *crédit*, on porte ses bénéfices résultant de cadeaux ou de toute autre cause; lors du solde des comptes, on y porte aussi les honoraires. (Voir n° 14 de la Théorie.)

Le 8e et dernier compte est celui de CAPITAL.— Au *débit*, on porte tout ce que le capital peut devoir et la balance du compte de Profits et Pertes lorsqu'il y a déficit; — et au *Crédit*, la balance du compte de Profits et Pertes quand il y a un actif. — La balance du débit d'avec le crédit donne le chiffre exact du capital net.

Ce Journal, tel qu'il est compris et tel qu'il doit fonctionner et qu'il fonctionne, répond à tous les besoins de la comptabilité : c'est le *Journal de Caisse*, puisque le Brouillon de Caisse s'y trouve reporté complètement, c'est le *Journal d'Étude* ou le *Livre de Taxe*, c'est le *Livre des Débets*, c'est le *Livre des Décharges*, des *Formalités hypothécaires*, en un mot, c'est tout.

Plusieurs systèmes de comptabilité notariale ont été publiés dans ces derniers temps; pas un ne repose sur un principe rationnel, tous s'éloignent de l'unité, qui est la seule marque du progrès; — pas un ne donne des résultats satisfaisants ou certains en obligeant à beaucoup plus de travail que celui que je publie.

Mois de Janvier 1860.

NUMÉROS D'ORDRE.	DATES.	FOLIOS du Grand-Livre	FORMALITÉS HYPOTHÉCAIRES, Décharges de Pièces, Noms des Correspondants. *Observations et Renseignements divers.*	NOMS, PRÉNOMS ET DOMICILES DES CLIENTS. **Énonciation des Actes et détail des Articles.**	
1	2 2	1 1 1 1		*Doit* CAISSE A CAPITAL : le Notaire verse dans la Caisse de l'Étude . . . . . . *Doit* TIMBRE A CAISSE : pour achat de timbre..	. . . .
2	3	1	*Remis l'expédition le 5 février* 1860.	*Doit* MARTIN (Jacques), propriétaire, demeurant à Belleville, rue Saint-Laurent, n° 82, pour mariage avec Dlle Allaume : *à T* . . . . . . 3 20 *à E.* . . . . 11 » *à H.* . . . . 42 »	Timbre de minute . . » 70 Enregistrement. . . . 11 » Honoraires. . . . . 30 » Expédition en 4 rôles. . 14 50
3	3 5	1	*Remis les pièces le 1er février* 1860.	*Doit* ISAMBERT (Jean), docteur en droit, demeurant à Paris, boulev. de Strasbourg, n° 15, pour déclaration de changement de nom : *à T.* . . . . . . 1 95 *à E.* . . . . 2 20 *à H.* . . . . 31 » *à C.* 4 60	Timbre de minute . . » 70 Enregistrement. . . . 2 20 Honoraires. . . . . 25 » Payé pour annonces . . 4 60 Expédition, 2 rôles . . 7 25
4	4 10 5	1		*Doit* LHERBETTE (Roch), avocat, à Paris, rue Richelieu, n° 100, pour la vente de manuscrit, moyennant 575 fr. *à T.* . . . . 8 75 *à E.* . . . . 20 75 *à H.* . . . . 87 30 *à C.* . . . . 90 95 *Doit* ENREGISTREMENT A CAISSE : versé à l'Enregistrement	Timbre de minute. . . 2 50 Enregistrement. . . . 20 75 Honoraires 1 % . . . 57 30 Expédition 10 rôles . . 36 25 Payé pour annonces . . 90 95 . . . .
5	6	1	*Radié à Versailles, le 15 janvier* 1860. 1er *mars.*	*Doit* MALOT (Ferdinand), Md de beurre, à Paris, rue Montmartre, n° 40, pour quittance à Devillers de 7,200 fr. *à T.* . . . . 4 45 *à E.* . . . . 39 60 *à H.* . . . . 33 » *à C.* 1 35	Timbre de minute. . . » 70 Enregistrement . . . 39 60 Honoraires 1/4 % . . . 18 » Extrait pour rayer 2 rôles 7 25 Expédition 5 rôles. . . 11 50 Payé pour radiation . . 1 35
					Total de cette page. . . . . .

Preuve de la justesse des Opérations.	DÉBIT.		CREDIT.	
Divers.	582	08	»	»
Caisse.	1,000	»	556	90
Timbre.. . . .	160	»	18	55
Enregistrement. .	300	»	75	53
Honoraires . . .	»	»	193	30
Frais généraux . .	»	»	»	»
Pertes et Profits. .	»	»	»	»
Capital	»	»	1,000	»
Égalité . .	1,842	08	1,842	08

Mois de Janvier 1860.

TOTALITÉ des OPÉRATIONS.	DIVERS		CAISSE		TIMBRE		ENREGISTREMENT		HONORAIRES		FRAIS GÉNÉRAUX		PROFITS & PERTES		CAPITAL	
	DÉBIT.	CRÉDIT.	DÉBIT.	CRÉDIT.	DÉBIT.	CRÉDIT.	DÉBIT.	CRÉDIT.	DÉBIT.	CRÉDIT.	DÉBIT.	CRÉDIT.	DÉBIT.	CRÉDIT.	DÉBIT.	CRÉDIT.
1,000 »	» »	» »	1,000 »	» »	» »	» »	» »	» »	» »	» »	» »	» »	» »	» »	» »	1,000 »
160 »	» »	» »	» »	160 »	160 »	» »	» »	» »	» »	» »	» »	» »	» »	» »	» »	» »
56 20	56 20	» »	» »	» »	» »	3 20	» »	11 »	» »	42 »	» »	» »	» »	» »	» »	» »
39 75	39 75	» »	» »	4 60	» »	1 95	» »	2 20	» »	31 »	» »	» »	» »	» »	» »	» »
207 75	207 75	» »	» »	90 95	» »	8 75	» »	20 75	» »	87 30	» »	» »	» »	» »	» »	» »
300 »	» »	» »	» »	300 »	» »	» »	300 »	» »	» »	» »	» »	» »	» »	» »	» »	» »
78 40	78 40	» »	» »	4 35	» »	4 45	» »	39 60	» »	33 »	» »	» »	» »	» »	» »	» »
1,842 08	382 08	» »	1,000 »	556 90	160 »	18 35	300 »	73 55	» »	193 30	» »	» »	» »	» »	» »	1,000 »

Mois de Janvier 1860.

NUMÉROS D'ORDRE.	DATES.	FOLIOS du Grand-Livre.	FORMALITÉS HYPOTHÉCAIRES, Décharges de Pièces, Noms des Correspondants. *Observations et Renseignements divers.*	NOMS, PRÉNOMS ET DOMICILES DES CLIENTS. **Enonciation des Actes et détail des Articles.**	
6	8 8 mars,	1	*Publié le* 15 *janvier* 1860. — *Remis l'expédition le* 1er *juill.* 1860	*Doit* MILLÉ (Louis), perruquier, à Vincennes, Grande-Rue, N° 10, pour mariage avec Mademoiselle Josset : *à T.* . . . . 11 25 *à E.* . . . . 11 » *à H.* . . . . 162 » *à C.* 32 65	Timbre de minute. . . 2 50 Enregistrement. . . . 11 » Honoraires. . . . . 150 » 4 Extraits pour publier, un rôle chacun. . . . 17 Timbre d'expédition en 6 rôles. . . . . . . 3 75 Payé pour publication. . 32 65
7	10 15	1	*Signification au débiteur suivant exploit de Cartelier, huissier, à Paris, du* 15 *janvier* 1860. — *Reçu les pièces le* 8 *février* 1860. (*Luc.*)	*Doit* DESMOUTIER (Jules), homme de lettres, demeurant à Paris, rue St-Martin, N° 25, pour transport de 4,600 fr. à Luc sur M. Pierre : *à T.* . . . . 3 55 *à E.* . . . . 50 60 *à H.* . . . . 58 » *à C.* . . . . 15 »	Timbre de minute. . . 1 05 Enregistrement. . . . 50 60 Honoraires 1 °/₀ . . . 46 » Expédition 4 rôles. . . 14 50 Payé signification. . . 15 »
8	15 1er février, 1er id.	1	*Publié le* 20 *janvier* 1860. —	*Doit* DULIMON (Joseph), négociant, à Belleville, rue St-Laurent, N° 82, pour société avec Labruyère : *à T.* . . . . 6 60 *à E.* . . . . 5 50 *à H.* . . . . 118 » *à C.* 56 65	Timbre de minute. . . 1 60 Enregistrement. . . . 5 50 Honoraires. . . . . 100 » 2 Extraits pour déposer au greffe. . . . . . 8 50 Payé au greffe. . . . 22 30 Payé publication dans les journaux. . . . . 34 35 Expédition 4 rôles . . 14 50
9	 4 20	 1 1		*Doit* CAISSE aux suivants : A MARTIN à valoir sur n° 2. . . A DESMOUTIER n° 7.	 . . . . 30 » 127 15
10	18	1		*Doit* DUVOYE (Antoine), serrurier, à Vanves, pour main-levée par Philippe : *à T.* . . . . 1 95 *à E.* . . . . 2 20 *à H.* 8 20	Timbre de minute . . . » 70 Enregistrement. . . . 2 20 Honoraires. . . . . 8 20 Timbre d'expédition . . 1 25

Preuve de la justesse des Opérations.	DÉBIT.		CRÉDIT.	
Divers.	543	15	157	15
Caisse.	157	15	104	30
Timbre			23	35
Enregistrement. .			69	30
Honoraires . . .			346	20
Frais généraux. .				
Pertes et Profits. .				
Capital				
Égalité. .	700	30	700	30

Total de cette page. . . . . .

Mois de Janvier 1860.

TOTALITÉ des OPÉRATIONS.	DIVERS		CAISSE		TIMBRE		ENREGISTREMENT		HONORAIRES		FRAIS GÉNÉRAUX		PROFITS & PERTES		CAPITAL	
	DÉBIT.	CRÉDIT.	DÉBIT.	CRÉDIT.	DÉBIT.	CRÉDIT.	DÉBIT.	CRÉDIT.	DÉBIT.	CRÉDIT.	DÉBIT.	CRÉDIT.	DÉBIT.	CRÉDIT.	DÉBIT.	CRÉDIT.
216 90	216 90	» »	» »	32 65	» »	11 25	» »	11 »	» »	162 »	» »	» »	» »	» »	» »	» »
127 15	127 15	» »	» »	15 »	» »	3 55	» »	50 60	» »	58 »	» »	» »	» »	» »	» »	» »
186 75	186 75	» »	» »	56 65	» »	6 60	» »	5 50	» »	118 »	» »	» »	» »	» »	» »	» »
157 15	» »	157 15	157 15	» »	» »	» »	» »	» »	» »	» »	» »	» »	» »	» »	» »	» »
12 35	12 35	» »	» »	» »	» »	1 95	» »	2 20	» »	8 20	» »	» »	» »	» »	» »	» »
700 30	543 15	157 15	157 15	104 30	» »	23 35	» »	69 30	» »	346 20	» »	» »	» »	» »	» »	» »
1,842 08	582 08	» »	1,000 »	556 90	160 »	18 35	300 »	73 53	» »	193 30	» »	» »	» »	» »	» »	1,000 »
2,542 38	925 23	157 15	1,157 15	661 20	160 »	41 70	300 »	142 83	» »	539 50	» »	» »	» »	» »	» »	1,000 »

Mois de Janvier 1860.

NUMÉROS D'ORDRE.	DATES.	FOLIOS du Grand-Livre.	FORMALITÉS HYPOTHÉCAIRES, Décharges de Pièces, Noms des Correspondants. *Observations et Renseignements divers.*	NOMS, PRÉNOMS ET DOMICILES DES CLIENTS. **Énonciation des Actes et détail des Articles.**			
11	30	1		*Doit* PIQUET (Jean), rentier à Nouvron, pour quittance de 8,600 fr. par Carlier : *à T.* . . . . 2 30 *à E.* . . . . 51 60 *à H.* . . . . 46 »	Timbre de minute. . . Enregistrement. . . . Honoraires. . . . . Extrait en 2 rôles. . .	1 51 40 7	05 60 » 25
12	18 février	2	*Inscrit à Paris, le 30 janvier 1860, vol. 900, n° 15.*	*Doit* DIVERTON (Ambroise), cocher, à Vaugirard, pour renouvellement d'inscription au profit de M. Nicolas : *à T.* . . . . » 70 *à H.* . . . . 6 » *à C.* . . . . 31 »	Timbre de 2 bordereaux. Enregistrement. . . . Honoraires. . . . . Payé aux hypothèques. .	» » 6 31	70 » » »
13	31 8 mars	2	*Radié à Reims, le 20 février 1860.*	*Doit* DUBOIS (Roch), propriétaire, à Belleville, pour quittance de 9,280 fr. 20 c. par Barbillon : *à T.* . . . . 7 85 *à E.* . . . . 55 80 *à H.* . . . . 49 50 *à C.* 2 35	Timbre de minute. . . Enregistrement. . . . Honoraires 1/4 . . . Extrait pour rayer 3 rôles Payé radiation et port. . Expédition en 6 rôles. .	1 55 22 11 2 21	60 80 50 50 35 75
14	31 Id.	2 1		*Doit* FRAIS GÉNÉRAUX A CAISSE pour les causes suivantes : Payé appointements des clercs . . . Payé note du papetier	. . . .	300 25	» »
15		1 1		*Doit* DULIMON A MALOT, pour virement du n° 5.			
					Total de cette page.		
					Report de la page précédente. . .		
					TOTAUX.		

Preuve de la justesse des Opérations.	DÉBIT.		CRÉDIT.	
Divers.	331	50	78	40
Caisse.	»	»	358	35
Timbre	»	»	10	85
Encouragement. .	»	»	107	40
Honoraires . . .	»	»	101	50
Frais généraux. .	325	»	»	»
Profits et Pertes. .	»	»	»	»
Capital	»	»	»	»
Égalité. .	656	50	656	50

Mois de Janvier 1860.

TOTALITÉ des OPÉRATIONS.	DIVERS		CAISSE		TIMBRE		ENREGISTREMENT		HONORAIRES		FRAIS GÉNÉRAUX		PROFITS & PERTES		CAPITAL	
	DÉBIT.	CRÉDIT.	DÉBIT.	CRÉDIT.	DÉBIT.	CRÉDIT.	DÉBIT.	CRÉDIT.	DÉBIT.	CRÉDIT.	DÉBIT.	CRÉDIT.	DÉBIT.	CRÉDIT.	DÉBIT.	CRÉDIT.
99 90	99 90	» »	» »	» »	» »	2 30	» »	51 60	» »	46 »	» »	» »	» »	» »	» »	» »
37 70	37 70	» »	» »	31 »	» »	» 70	» »	» »	» »	6 »	» »	» »	» »	» »	» »	» »
115 50	115 50	» »	» »	2 35	» »	7 85	» »	55 80	» »	49 50	» »	» »	» »	» »	» »	» »
325 »	» »	» »	» »	325 »	» »	» »	» »	» »	» »	» »	325 »	» »	» »	» »	» »	» »
78 40	78 40	78 40	» »	» »	» »	» »	» »	» »	» »	» »	» »	» »	» »	» »	» »	» »
656 50	331 50	78 40	» »	358 35	» »	10 85	» »	107 40	» »	101 50	325 »	» »	» »	» »	» »	» »
2,542 38	025 23	157 15	1,157 15	661 20	160 »	41 70	300 »	142 83	» »	539 50	» »	» »	» »	» »	» »	1,000 »
3,498 88	1,256 73	235 55	1,157 15	1,019 55	160 »	52 55	300 »	250 23	» »	641 »	325 »	» »	» »	» »	» »	1,000 »

Mois de Février 1860.

NUMÉROS D'ORDRE.	DATES.	FOLIOS du Grand-Livre.	FORMALITÉS HYPOTHÉCAIRES, Décharges de Pièces, Noms des Correspondants. *Observations et Renseignements divers.*	NOMS, PRÉNOMS ET DOMICILES DES CLIENTS. **Énonciation des Actes et détail des Articles.**	
16	5	2 3	*La déclaration de succession faite le 15 mai 1860.*	*Doit* CAMES (Julien), succession, pour inventaire après son décès : A T. . . . . 19 10 A E. . . . . 8 80 A H. . . . . 121 50 A Breugnon. . . . . 12 »	Timbre de minute. . . 6 60 Enregistrement . . . 8 80 4 vacations du notaire. . 36 » 2 vacations de M. Breugnon, Com^re^-priseur. . . . . 12 » Expédition en 19 rôles . 69 50 Aperçu liquidatif pour l'acquit des droits de succ. 28 50
17	10 12 14 Id. Id. Id. Id.	2		*Doit* COQUART (Louis-Charles), imprimeur à Paris, rue de Brady, n° 15, pour enchère de la vente de son fonds : A T. . . . . 4 45 A E. . . . . 2 20 A H. . . . . » » A C. 72 35	Timbre de minute. . . 4 10 Enregistrement. . . 2 20 Honoraires . . . . . » » Payé p^r^ impression d'affich. 15 25 *Id.* apposition. . 3 » *Id.* insertion légale 6 90 *Id.* insertions ord. 30 » Timbre de la déclar. préal. » 35 Payé pour sommation. . 10 45 *Id.* pour procès-verbal d'apposition d'affich. 6 75
18	15	2		*Doit* MARTIN (Henri), homme de lettres, demeurant à Paris, rue du Colysée, n° 20, pour procuration : A T. . . . . 1 95 A E. . . . . 2 20 A H. 8 85	Timbre de minute. . . » 70 Enregistrement. . . . 2 20 Honoraires . . . . . 8 85 Timbre d'expédition . . 1 25
19	20	2 2		*Doit* LALONDE (Jean), cultivateur, à Nouvron, pour son testament : A T. . . . . 1 25 A E. . . . . » » A H. . . . . 18 » *Doit* TETART, pour expédition de quittance du 11 mai 1845 : 2 rôles.	Timbre de minute. . . 1 25 Enregistrement . . . » » 2 vacations pour la rédaction, sous réserve des honoraires . . . . . . 18 »
20	1er février 1 id. 2 id. 12 id.	1 2		*Doit* CAISSE aux suivants :	A Martin, n° 2 . . . 26 20 A Isambert, n° 3. . . 59 75 A Lherbette, n° 4 . . 207 73 A Millé, n° 6. . . . 216 90
			F° 1 28 février . . . . Id. id.	*Doit* FRAIS GÉNÉRAUX A CAISSE. Payé appointements des clercs. . . Payé ports et affranchissements. . .	 . . . . 300 » . . . . 15 »
					Total de cette page. . . . . Report de la page précédente. . . *TOTAUX.* . . .

Preuve de la justesse des Opérations.	DÉBIT.		CRÉDIT.	
Divers.	279	90	502	58
Caisse.	490	58	387	35
Timbre	»	»	28	»
Enregistrement. .	»	»	13	20
Honoraires . . .	»	»	154	35
Frais généraux. .	315	»	»	»
Profits et Pertes. .	»	»	»	»
Capital.	»	»	»	»
Égalité. .	1,085	48	1,085	48

Mois de Février 1860.

TOTALITÉ des OPÉRATIONS.	DIVERS		CAISSE		TIMBRE		ENREGISTREMENT		HONORAIRES		FRAIS GÉNÉRAUX		PROFITS & PERTES		CAPITAL	
	DÉBIT.	CRÉDIT.	DÉBIT.	CRÉDIT.	DÉBIT.	CRÉDIT.	DÉB T.	CRÉDIT.	DÉBIT.	CRÉDIT.	DÉBIT.	CRÉDIT.	DÉBIT.	CRÉDIT.	DÉBIT.	CRÉDIT.
161 40	161 40	12 »	» »	» »	» »	19 10	» »	8 80	» »	121 50	» «	» »	» »	» »	» »	» »
79 »	79 »	» »	» »	72 35	» »	4 45	» »	2 20	» »	» »	» »	» »	» »	» »	» »	» »
13 »	13 »	» »	» »	» »	» »	1 95	» »	2 20	» »	8 85	» »	» »	» »	» »	» »	» »
19 25	19 25	» »	» »	» »	» »	1 25	» »	» »	» »	18 »	» »	» »	» »	» »	» »	» »
7 25	7 25	» »	» »	» »	» »	1 25	» »	» »	» »	6 »	» »	» »	» »	» »	» »	» »
490 58	» »	490 58	490 58	» »	» »	» »	» »	» »	» »	» »	» »	» »	» »	» »	» »	» »
315 »	» »	» »	» »	315 »	» »	» »	» »	» »	» »	» »	315 »	» »	» »	» »	» »	» »
1,085 48	279 90	502 58	490 58	387 35	» »	28 »	» »	13 20	» »	154 35	315 »	» »	» »	» »	» »	» »
3,198 88	1,256 73	235 55	1,157 15	1,019 55	160 »	52 53	300 »	250 23	» »	641 »	325 »	» »	» »	» »	» »	1,000 »
4,284 36	1,536 63	738 13	1,647 73	1,406 90	160 »	80 53	300 »	263 43	» »	795 35	640 »	» »	» »	» »	» »	1,000 »

Mois de Mars 1860.

NUMÉROS D'ORDRE.	DATES.	FOLIOS du Grand-Livre	FORMALITÉS HYPOTHÉCAIRES, Décharges de Pièces, Noms des Correspondants. *Observations et Renseignements divers.*	NOMS, PRÉNOMS ET DOMICILES DES CLIENTS. **Énonciation des Actes et détail des Articles.**		
21	1 1er mars, 1er mai,	2	*Transcrit à Pontoise le 15 mars 1860, vol. 788, n° 25.* — *M. X, avoué, chargé de la purge.* — *Remis les pièces le 1er juin 1860.*	*Doit* BOULNOIS (Pierre), rentier, à Vitry, pour vente par Camille, moyennant 181,964 fr. A T. . . . . . . 17 85 A E. . . . . . . 10,404 79 A H. . . . . . . 1,836 » A C. 85 40	Timbre de minute . . Enregistrement. . . Honoraires . . . . Expédition en 12 rôles. Timbre d'une 2e expéd. Payé pour timbre et enregist. d'un plan annexé. Payé pour transcription et états	2 85 10,404 79 1,800 » 45 50 7 50 2 70 82 70
22	20	2		*Doit* GAUDICHON (Jean), ferblantier, à Choisy, pour la liquidation de la succession de son père. A T. . . . . . . 31 25 A E. . . . . . . 5 50 A H. . . . . . . 2,024 »	Timbre de minute. . Enregistrement. . . Honoraires . . . . Timbre d'expédition en 30 rôles . . . . . Extrait en 8 rôles. .	7 50 5 50 2,000 » 18 75 29 »
23	30	2		*Doit* GAUDICHON (le même que le n° 22), pour certificat de propriété concernant 1,250 fr. de rente 3 p. 0/0. A T. . . . . . . » 70 A E. . . . . . . 2 20 A H. . . . . . . 30 »	Timbre de brevet. . . Enregistrement. . . Honoraires 1/8 pr 0/0.	» 70 2 20 30 »
	30	1 1		*Doit* ENREGISTREMENT A CAISSE : versé en compte.		
24				*Doit* CAISSE aux suivants :		
	9	2		A GAUDICHON, à valoir fo 2. . .	. . . .	2,000 »
	9	2		A BOULNOIS, sur n° 21. . . .	. . . .	12,000 »
	14	2		A TÉTART, n° 19.	. . . .	7 25
	14	1		A DUVOYE, n° 10.	. . . .	12 35
25		1 1		*Doit* FRAIS GÉNÉRAUX A CAISSE.		
	30			Payé pour tampon	. . . .	6 »
	30			Payé ports, etc.	. . . .	12 »
	30			Payé appointements des clercs . .	. . . .	300 »

Preuve de la justesse des Opérations.	DÉBIT.	CREDIT.
Divers.	14,437 69	14,019 60
Caisse.	14,019 60	10,903 40
Timbre.	10,500 »	49 80
Enregistrement. .	» »	10,412 49
Honoraires . . .	» »	3,890 »
Frais généraux . .	318 »	» »
Pertes et Profits. .	» »	» »
Capital	» »	» »
Égalité . .	39,275 29	39,275 29

Total de cette page. . . . . .

Report de la page précédente . .

TOTAUX. . . . .

Mois de Mars 1860.

TOTALITÉ des OPÉRATIONS.	DIVERS		CAISSE		TIMBRE		ENREGISTREMENT		HONORAIRES		FRAIS GÉNÉRAUX		PROFITS & PERTES		CAPITAL	
	DÉBIT.	CRÉDIT.	DÉBIT.	CRÉDIT.	DÉBIT.	CRÉDIT.	DÉBIT.	CRÉDIT.	DÉBIT.	CRÉDIT.	DÉBIT.	CRÉDIT.	DÉBIT.	CRÉDIT.	DÉBIT.	CRÉDIT.	DÉBIT.	CRÉDIT.
12,344 04	12344 04	» »	» »	85 40	» »	17 85	» »	10404 79	» »	1,836 »	» »	» »	» »	» »	» »	» »
2,060 75	2,060 75	» »	» »	» »	» »	31 25	» »	5 50	» »	2,024 »	» »	» »	» »	» »	» »	» »
32 90	32 90	» »	» »	» »	» »	» 70	» »	2 20	» »	30 »	» »	» »	» »	» »	» »	» »
10,500 »	» »	» »	» »	10500 »	» »	» »	10500 »	» »	» »	» »	» »	» »	» »	» »	» »	» »
14,019 60	» »	14019 60	14019 60	» »	» »	» »	» »	» »	» »	» »	» »	» »	» »	» »	» »	» »
318 »	» »	» »	» »	318 »	» »	» »	» »	» »	» »	» »	318 »	» »	» »	» »	» »	» »
39,275 29	14437 69	14019 60	14019 60	10903 40	» »	49 80	10500 »	10412 49	» »	3,890 »	318 »	» »	» »	» »	» »	» »
4,284 36	1536 63	738 13	1647 73	1406 90	160 »	80 55	300 »	263 43	» »	795 35	640 »	» »	» »	» »	» »	1,000 »
43,559 65	15974 32	14757 73	15667 33	12310 30	160 »	130 35	10800 »	10675 92	» »	4685 35	958 »	» »	» »	» »	» »	1,000 »

Mois d'Avril 1860.

<table>
<tr><th>NUMÉROS D'ORDRE.</th><th>DATES.</th><th>FOLIOS du Grand-Livre.</th><th>FORMALITÉS HYPOTHÉCAIRES, Décharges de Pièces, Noms des Correspondants. Observations et Renseignements divers.</th><th colspan="2">NOMS, PRÉNOMS ET DOMICILES DES CLIENTS. Enonciation des Actes et détail des Articles.</th></tr>
<tr><td>26</td><td>1

1er juin,</td><td>2</td><td>Transcrit à Soissons, le 10 avril 1860, vol. 586, n° 75.</td><td>Doit HARDY (Joseph), rentier, à Solferino, pour échange avec Hanin, d'Alger.
A T. 25 75
A E. . . . . 550 »
A H. . . . . 145 »
A C. . . . . 25 »</td><td>Timbre de minute . . 3 75
Enregistrement. . . . 550 »
Honoraires. . . . . 100 »
Expédition en 15 rôles. . 55 »
Timbre d'une 2e expédit. 10 »
Payé pour transcription. 25 »</td></tr>
<tr><td>27</td><td>5
id.
id.</td><td>2</td><td>Taxé par la Chambre, le 1er mai, sans modification.</td><td>Doit ADIGE (Roch), cultivateur, à Berlinval, pour procès-verbal d'ouverture de liquidation.
A T. 12 45
A E. 104 28
A H. . . . . 73 »</td><td>Timbre de minute de procès-verbal d'ouverture. . 1 05
Enregistrement . . . 2 20
Etat liquidatif, timbre . 2 50
Enregistrement. . . . 2 20
Procès-verb. d'approbat., timbre de minute . . . 1 05
Enregistrement. . . . 99 88
Honoraires du tout . . 40 »
Expédition en 11 rôles. 40 50
Timbre de l'état pr la taxe. » 35</td></tr>
<tr><td>28</td><td>20</td><td>2</td><td>Remis les pièces le 30 avril 1860.</td><td>Doit PANIER (Emile), pour donations entre époux.
A T. 5 20
A E. . . . . »
A H. . . . . 26 80</td><td>Timbre des 2 minutes. . » 70
Enregistrement. . . . » »
Honoraires. 26 80
Timbre de 2 expéditions. 2 50</td></tr>
<tr><td>29</td><td>15

25</td><td>1
1

1
1</td><td></td><td>Doit ENREGISTREMENT.
A CAISSE : versé.

Doit TIMBRE.
A CAISSE : pour achat de timbre.</td><td></td></tr>
<tr><td>30</td><td>30
30</td><td>2
1

1</td><td>18 — 1
18 — 2
18 — 2
18 — 2</td><td>Doit FRAIS GÉNÉRAUX.
A CAISSE :
Payé appointemts des clercs. 300 »
Payé cotisat. à la Chambre. 100 »

Doit CAISSE aux suivants :
1° A PIQUET, n° 11. . . 99 90
2° A DIVERTON, n° 12. 37 70
3° A DUBOIS, solde n° 13 100 »
4° A CAMES, n° 16. . . 161 40</td><td></td></tr>
<tr><td colspan="5"></td><td>Total de cette page. . . . . .
Report de la page précédente . . .
TOTAUX. . . . . . .</td></tr>
</table>

Preuve de la justesse des Opérations.	DÉBIT.	CRÉDIT.
Divers.	903 48	399 »
Caisse.	399 »	1,080 20
Timbre	125 »	39 40
Enregistrement. .	530 20	654 28
Honoraires . . .	» »	244 80
Frais généraux. .	400 »	» »
Pertes et Profits. .	» »	» »
Capital	» »	» »
Egalité. .	2,417 68	2,417 68

Mois d'Avril 1860.

TOTALITÉ des OPÉRATIONS.	DIVERS		CAISSE		TIMBRE		ENREGISTREMENT		HONORAIRES		FRAIS GÉNÉRAUX		PROFITS & PERTES		CAPITAL	
	DÉBIT.	CRÉDIT.	DÉBIT.	CRÉDIT.	DÉBIT.	CRÉDIT.	DÉBIT.	CRÉDIT.	DÉBIT.	CRÉDIT.	DÉBIT.	CRÉDIT.	DÉBIT.	CRÉDIT.	DÉBIT.	CRÉDIT.
743 75	743 75	» »	» »	25 »	» »	23 75	» »	550 »	» »	145 »	» »	» »	» »	» »	» »	» »
189 73	189 73	» »	» »	» »	» »	12 45	» »	104 28	» »	73 »	» »	» »	» »	» »	» »	» »
30 »	30 »	» »	» »	» »	» »	3 20	» »	» »	» »	26 80	» »	» »	» »	» »	» »	» »
530 20	» »	» »	» »	530 20	» »	» »	530 20	» »	» »	» »	» »	» »	» »	» »	» »	» »
125 »	» »	» »	» »	125 »	125 »	» »	» »	» »	» »	» »	» »	» »	» »	» »	» »	» »
400 »	» »	» »	» »	400 »	» »	» »	» »	» »	» »	» »	400 »	» »	» »	»	» »	» »
399 »	» »	399 »	399 »	» »	» »	» »	» »	» »	» »	» »	» »	» »	» »	» »	» »	» »
2,417 68	963 48	399 »	399 »	1,080 20	125 »	39 40	530 20	654 28	» »	244 80	400 »	» »	» »	» »	» »	» »
43,550 65	15974 32	14757 73	15667 33	12310 30	160 »	130 35	10800 »	10675 92	» »	4,685 35	958 »	» »	» »	» »	» »	1,000 »
45,977 33	16937 80	15156 73	16066 33	13390 50	285 »	169 75	11330 20	11330 20	» »	4,930 15	1,358 »	» »	» »	» »	» »	1,000 »

Mois de Mai 1860.

NUMÉROS D'ORDRE.	DATES.	FOLIOS du Grand-Livre.	FORMALITÉS HYPOTHÉCAIRES, Décharges de Pièces, Noms des Correspondants. *Observations et Renseignements divers.*	NOMS, PRÉNOMS ET DOMICILES DES CLIENTS. **Énonciation des Actes et détail des Articles.**	
31	1 2 juin.	4	*Subrogation à Saint-Denis du 1er juin* 1860. *Remis les pièces le* 15 *juillet* 1860.	*Doit* CHAPELAIN (Antoine), artiste, demeurant à Paris, rue du Mail, n° 3, pour quittance subrogative Favart de 10,000 fr. A T. . . . . 10 » A E. . . . . 110 » A H. . . . . 112 » A C. 2 50	Timbre de minute . . . 2 50 Enregistrement . . . 110 » Honoraires. . . . . 100 » Timbre de grosse, 8 rôles 5 » Extrait en 4 rôles pour subroger. . . . . . 14 50 Payé subrogation et ports. 2 50
32	10	4		*Doit* RENARD (Alexis), tailleur, à Paris, rue du Temple, n° 5, pour prorogation de 100,000 fr. par Félix. A T. . . . . 1 95 A E. . . . . 2 20 A H. . . . . 500 »	Timbre de minute. . . » 70 Enregistrement . . . 2 20 Honoraires. . . . . 500 » Timbre d'expédit., 2 rôles 1 25
33	25	1		*Doit* DULIMON (Joseph), pour dépôt des pièces de publication de la Société, n° 8. A T. . . . . 1 60 A E. . . . . 2 20 A H. . . . . 9 »	Timbre de minute. . . » 35 Enregistrement. . . . 2 20 Honoraires. . . . . 9 » Timbre d'expéd., 2 rôles. 1 25
34	 15 4 4 15 15	1 2 2 2 2		*Doit* ENREGISTREMENT A CAISSE : versé. *Doit* CAISSE aux suivants : A MARTIN, n° 18. . . 13 » A BOULNOIS, n° 21. . 340 » A GAUDICHON, folio 2. 80 » A HARDY, n° 26 . . 740 »	
35	 30 30	3		*Doit* FRAIS GÉNÉRAUX A CAISSE : Payé appointem. des clercs. 300 » Payé ports, etc. . . . 30 »	
					Total de cette page. . . . . Report de la page précédente. . . *TOTAUX*. . . .

Preuve de la justesse des Opérations.	DÉBIT.		CRÉDIT.	
Divers.	751	45	1,473	»
Caisse.	1,173	»	36	90
Timbre	»	»	13	55
Enregistrement. .	104	40	144	40
Honoraires . . .	»	»	621	»
Frais généraux. .	330	»	»	»
Profits et Pertes. .	»	»	»	»
Capital	»	»	»	»
Égalité. .	2 358	85	2,358	85

Mois de Mai 1860.

TOTALITÉ des OPÉRATIONS.	DIVERS		CAISSE		TIMBRE		ENREGISTREMENT		HONORAIRES		FRAIS GÉNÉRAUX		PROFITS & PERTES		CAPITAL	
	DÉBIT.	CRÉDIT.	DÉBIT.	CRÉDIT.	DÉBIT.	CRÉDIT.	DÉBIT.	CRÉDIT.	DÉBIT.	CRÉDIT.	DÉBIT.	CRÉDIT.	DÉBIT.	CRÉDIT.	DÉBIT.	CRÉDIT.
234 50	234 50	» »	» »	2 50	» »	10 »	» »	110 »	» »	112 »	» »	» »	» »	» »	» »	» »
504 15	504 15	» »	» »	» »	» »	1 95	» »	2 20	» »	500 »	» »	» »	» »	» »	» »	» »
12 80	12 80	» »	» »	» »	» »	1 60	» »	2 20	» »	9 »	» »	» »	» »	» »	» »	» »
104 40	» »	» »	» »	104 40	» »	» »	104 40	» »	» »	» »	» »	» »	» »	» »	» »	» »
1,173 »	» »	1,173 »	1,173 »	» »	» »	» »	» »	» »	» »	» »	» »	» »	» »	» »	» »	» »
330 »	» »	» »	» »	330 »	» »	» »	» »	» »	» »	» »	330 »	» »	» »	» »	» »	» »
2,358 85	751 45	1,173 »	1,173 »	436 90	» »	13 55	104 40	114 40	» »	621 »	330 »	» »	» »	» »	» »	» »
45,977 33	16937 80	15156 73	16066 33	13390 50	285 »	169 75	11330 20	11330 20	» »	4,930 15	1,358 »	» »	» »	» »	» »	1,000 »
48,336 18	17689 25	16329 73	17239 33	13827 40	285 »	183 30	11434 60	11444 60	» »	5,551 15	1,688 »	» »	» »	» »	» »	1,000 »

Mois de Juin 1860.

NUMÉROS D'ORDRE.	DATES.	FOLIOS du Grand-Livre.	FORMALITÉS HYPOTHÉCAIRES, Décharges de Pièces, Noms des Correspondants. *Observations et Renseignements divers.*	NOMS, PRÉNOMS ET DOMICILES DES CLIENTS. **Énonciation des Actes et détail des Articles.**	
36	1 22 juin 22 juin	3	*Inscrit à Saint-Denis le 12 juin 1860, vol. 527, n° 119.* *Signification à l'Assurance mutuelle par exploit de Drion, huissier à Paris, du 16 juin 1860.* *Reçu la grosse et les autres pièces, le 1er août 1860.* *Signé Besnard.*	*Doit* GATEAU (Levis), négociant, à Paris, rue Bleue, n° 17, pour obligation de 4,000 fr. à M. Besnard. A T. . . . . 7 30 A E. . . . . 46 20 A H. . . . . 71 25 A C. 21 70	Timbre de minute. . . 2 85 Enregistrement . . . 46 20 Honoraires. . . . . 40 » Grosse en 6 rôles . . . 21 75 Bordereaux et timbre. . 6 70 Payé pr inscript. et états. 13 95 Extrait pour signifier à l'assurance . . . . . 7 25 Payé pour signification. 7 75
37	1	3	*Remis l'expédition à M. Baudoux, le 10 juillet 1860.* *Reçu la grosse le 25 du même mois.* *Signé Lucas.*	*Doit* BAUDOUX (Jean), rentier, à Eury, pour bail par Lucas, 9 ans, 6,000 fr. par an. A T. . . . . . 5 70 A E. . . . . . . 19 80 A H. 34 50	Timbre de minute. . . 1 70 Enregistrement. . . . 19 80 Honoraires 1/4 p. 0/0 . 22 50 Grosse, 4 rôles . . . 14 50 Timbre de l'expédition . 2 50
38	15 10	3		*Doit* DUCHEMIN (Louis), couvreur, demeurant à la Pissotte, pour résiliation avec Despierre, 1,000 fr. de loyer, 5 ans à courir. A T. . . . . . . 1 60 A E. . . . . . . 11 » A H. . . . . . . 18 50 *Doit* ENREGISTREMENT A CAISSE : versé.	Timbre de minute. . . » 35 Enregistrement. . . . 11 » Honoraires, 1/4 p. 0/0 . 12 50 Expédition, 2 rôles. . . 7 25
39	20 22 juin	3 3 3.		*Doit* LACCUEIL (Henri), rentier, à Passy (succession), pour dépôt judiciaire de son testament olographe. A T. . . . . 1 25 A E. . . . . 5 50 A H. . . . . 31 » A C. . . . . 16 80 *Doit* LE MÊME, A VIC, avoué, pour frais d'envoi en possession.	Timbre de minute. . . » » Enregistrement. . . . 5 50 Honoraires . . . . . 25 » Expédition, 2 rôles. . . 7 25 Payé pour description. . 16 80
40	30 30	3		*Doit* FRAIS GÉNÉRAUX. A CAISSE : Payé appointem. des clercs. 300 » Payé ports et affranchissem. 10 »	
			1 — 2 15 — 2	*Doit* CAISSE aux suivants : A ADIGE, n° 27, à valoir. 100 » A PANIER, n° 28 . . 30 »	

Preuve de la justesse des Opérations.	DÉBIT.		CRÉDIT.	
Divers.	342	10	180	»
Caisse.	130	»	431	»
Timbre	»	»	15	85
Enregistrement. .	82	50	82	50
Honoraires . . .	»	»	155	25
Frais généraux. .	310	»	»	»
Profits et Pertes. .	»	»	»	»
Capital.	»	»	»	»
Égalité. .	864	60	864	60

Total de cette page. . . . . .

Report de la page précédente. . .

TOTAUX. . . .

Mois de Juin 1860.

TOTALITÉ des OPÉRATIONS.	DIVERS		CAISSE		TIMBRE		ENREGISTREMENT		HONORAIRES		FRAIS GÉNÉRAUX		PROFITS & PERTES		CAPITAL	
	DÉBIT.	CRÉDIT.	DÉBIT.	CRÉDIT.	DÉBIT.	CRÉDIT.	DÉBIT.	CRÉDIT.	DÉBIT.	CRÉDIT.	DÉBIT.	CRÉDIT.	DÉBIT.	CRÉDIT.	DÉBIT.	CRÉDIT.
146 45	146 45	» »	» »	21 70	» »	7 30	» »	46 20	» »	71 25	» »	» »	» »	» »	» »	» »
60 »	60 »	» »	» »	» »	» »	5 70	» »	19 80	» »	34 50	» »	» »	» »	» »	» »	» »
31 40	31 40	» »	» »	» »	» »	1 60	» »	11 »	» »	18 50	» »	» »	» »	» »	» »	» »
82 50	» »	» »	» »	82 50	» »	» »	82 50	» »	» »	» »	» »	» »	» »	» »	» »	» »
54 55	54 55	» »	» »	16 80	» »	1 25	» »	5 50	» »	31 »	» »	» »	» »	» »	» »	» »
50 »	50 »	50 »	» »	» »	» »	» »	» »	» »	» »	» »	» »	» »	» »	» »	» »	» »
310 »	» »	» »	» »	310 »	» »	» »	» »	» »	» »	» »	310 »	» »	» »	» »	» »	» »
130 »	» »	130 »	130 »	» »	» »	» »	» »	» »	» »	» »	» »	» »	» »	» »	» »	» »
804 60	342 10	180 »	130 »	431 »	» »	15 85	82 50	82 50	» »	155 25	310 »	» »	» »	» »	» »	» »
48,336 18	17689 25	16329 73	17239 33	13827 40	285 »	183 30	11434 60	11444 60	» »	5,551 15	1,688 »	» »	» »	» »	» »	1,000 »
49,200 78	18031 35	16509 73	17369 33	14258 40	285 »	199 15	11517 10	11527 10	» »	5,706 40	1,998 »	» »	» »	» »	» »	1,000 »

Mois de Juillet 1860.

NUMÉROS D'ORDRE.	DATES.	FOLIOS du Grand-Livre	FORMALITÉS HYPOTHÉCAIRES, Décharges de Pièces, Noms des Correspondants. *Observations et Renseignements divers.*	NOMS, PRÉNOMS ET DOMICILES DES CLIENTS. **Énonciation des Actes et détail des Articles.**	
41	1	3		*Doit* NAVIER (Philippe), ciseleur, à Belleville, pour reconnaissance d'enfant naturel. A T. . . . . 1 95 A E. . . . . 5 50 A H. . . . . 28 »	Timbre de minute. . . » 70 Enregistrement . . . 5 50 Honoraires. . . . . 25 70 Expédition, 1 rôle . . 4 25
42	3 4 juillet,	3		*Doit* PLIQUE (Victor), architecte, pour procuration. A T. . . . . » 35 A E. . . . . 2 20 A H. . . . . 3 95 A C. . . . . » 50	Timbre de brevet. . . » 35 Enregistrement . . . 2 20 Honoraires. . . . . 3 95 Payé légalisation . . . » 50
43	 12 12	1 4 4		*Doit* CAISSE aux suivants : A CHAPELAIN, n° 31. 234 50 A RENARD, n° 32 . . 504 15	
44	20 25	1 3		*Doit* ENREGISTREMENT A CAISSE : versé. *Doit* VIC A CAISSE : payé n° 39.	
45	 30 30 30	2		*Doit* FRAIS GÉNÉRAUX A CAISSE. Payé appointem. des clercs. 300 » Payé ports, etc. . . . 12 » Payé cotisation . . . . 100 »	

Preuve de la justesse des Opérations.	DÉBIT.		CRÉDIT.	
Divers.	92	45	738	65
Caisse.	738	65	470	20
Timbre.	»	»	2	30
Enregistrement. .	7	70	7	70
Honoraires . . .	»	»	31	95
Frais généraux . .	412	»	»	»
Pertes et Profits. .	»	»	»	»
Capital	»	»	»	»
Égalité . .	1,250	80	1,250	80

Total de cette page. . . . . .

Report de la page précédente . .

TOTAUX. . . . .

Mois de Juillet 1860.

TOTALITÉ des OPÉRATIONS.	DIVERS		CAISSE		TIMBRE		ENREGISTREMENT		HONORAIRES		FRAIS GÉNÉRAUX		PROFITS & PERTES		CAPITAL	
	DÉBIT.	CRÉDIT.	DÉBIT.	CRÉDIT.	DÉBIT.	CRÉDIT.	DÉBIT.	CRÉDIT.	DÉBIT.	CRÉDIT.	DÉBIT.	CRÉDIT.	DÉBIT.	CRÉDIT.	DÉBIT.	CRÉDIT.
35 45	35 45	» »	» »	» »	» »	1 95	» »	5 50	» »	28 »	» »	» »	» »	» »	» »	» »
7 »	7 »	» »	» »	» 50	» »	» 35	» »	2 20	» »	3 95	» »	» »	» »	» »	» »	» »
738 65	» »	738 65	738 65	» »	» »	» »	» »	» »	» »	» »	» »	» »	» »	» »	» »	» »
7 70	» »	» »	» »	7 70	» »	» »	7 70	» »	» »	» »	» »	» »	» »	» »	» »	» »
50 »	» 50	» »	» »	50 »	» »	» »	» »	» »	» »	» »	» »	» »	» »	» »	» »	» »
412 »	» »	» »	» »	412 »	» »	» »	» »	» »	» »	» »	412 »	» »	» »	» »	» »	» »
1,250 80	92 45	738 65	738 65	470 20	» »	2 30	7 70	7 70	» »	31 95	412 »	» »	» »	» »	» »	» »
49,200 78	18051 35	16509 73	17369 33	14258 40	285 »	199 15	11517 10	11527 10	» »	5,706 40	1,998 »	» »	» »	» »	» »	1,000 »
50,451 58	18123 80	17248 38	18107 98	14728 60	285 »	201 45	11524 80	11534 80	» »	5,738 35	2,410 »	» »	» »	» »	» »	1,000 »

Mois d'Août 1860.

NUMÉROS D'ORDRE.	DATES.	FOLIOS du Grand-Livre.	FORMALITÉS HYPOTHÉCAIRES, Décharges de Pièces, Noms des Correspondants. *Observations et Renseignements divers.*	NOMS, PRÉNOMS ET DOMICILES DES CLIENTS. **Enonciation des Actes et détail des Articles.**	
46	1 5 5 5 5	3		*Doit* VASSOR (Étienne), maître d'hôtel garni, à Paris, rue St-Nicolas, n° 10, pour enchère de son fonds. A T. . . . . 4 45 A E. . . . . 2 20 A H. . . . . » » A C. 130 60	Timbre de minute. . . 4 10 Enregistrement. . . . 2 20 Honoraires. . . . . » » Déclarat. préalable, timb. » 35 Payé pr impress. d'affiches 33 » Payé pr apposition id. . 10 » Payé insert. dans les journ. 80 » Payé proc.-v. d'apposit^ion 7 60
47	10 15	3		*Doit* MARSAUX (Philémon), de Viviers, pour adjudication Vassor, n° 46, moyennant 10,000 fr. A T. . . . . 7 50 A E. . . . . 220 » A H. . . . . 200 » A C. . . . . 5 »	Timbre de minute. . . 1 25 Enregistrement. . . . 220 » Honoraires, 2 p. 0/0. . 200 » Timb. d'expéd. 10 rôles. 6 25 Payé insertion dans les *Petites-Affiches*. . . . 5 »
48		3 3		*Doit* MARSAUX. A VASSOR, pour frais préliminaires, n° 46.	
49	15	1		*Doit* ENREGISTREMENT. A CAISSE : versé	
50	 28 28 5 5	2 3 3	15 — 3 15 — 3	*Doit* FRAIS GÉNÉRAUX. A CAISSE : Payé appointem. des clercs. 300 » Payé pour achat de papier. 7 » *Doit* CAISSE à Divers : A GATEAU, n° 36 . . 146 45 A BAUDOUX, n° 37. . 60 » A DUCHEMIN, n° 38. 51 10 A LACCUEIL, n° 39. . 104 55	
					Total de cette page. . . . . .
					Report de la page précédente . . .
					TOTAUX. . . . . . .

Preuve de la justesse des Opérations.	DÉBIT.		CRÉDIT.	
Divers.	707	»	479	55
Caisse.	342	10	447	»
Timbre	»	»	11	95
Enregistrement. .	4	40	222	20
Honoraires . . .	»	»	200	»
Frais généraux. .	307	»	»	»
Pertes et Profits. .	»	»	»	»
Capital	»	»	»	»
Égalité. .	1,360	50	1,360	50

Mois d'Août 1860.

TOTALITÉ des OPÉRATIONS.	DIVERS		CAISSE		TIMBRE		ENREGISTREMENT		HONORAIRES		FRAIS GÉNÉRAUX		PROFITS & PERTES		CAPITAL	
	DÉBIT.	CRÉDIT.	DÉBIT.	CRÉDIT.	DÉBIT.	CRÉDIT.	DÉBIT.	CRÉDIT.	DÉBIT.	CRÉDIT.	DÉBIT.	CRÉDIT.	DÉBIT.	CRÉDIT.	DÉBIT.	CRÉDIT.
137 25	137 25	» »	» »	130 60	» »	4 45	» »	2 20	» »	» »	» »	» »	» »	» »	» »	» »
432 50	432 50	» »	» »	5 »	» »	7 50	» »	220 »	» »	200 »	» »	» »	» »	» »	» »	» »
137 25	137 25	137 25	» »	» »	» »	» »	» »	» »	» »	» »	» »	» »	» »	» »	» »	» »
4 40	» »	» »	» »	4 40	» »	» »	4 40	» »	» »	» »	» »	» »	» »	» »	» »	» »
307 »	» »	» »	» »	307 »	» »	» »	» »	» »	» »	» »	307 »	» »	» »	» »	» »	» »
342 10	» »	342 10	342 10	» »	» »	» »	» »	» »	» »	» »	» »	» »	» »	» »	» »	» »
1,360 50	707 »	479 35	342 10	447 »	» »	11 95	4 40	222 20	» »	200 »	307 »	» »	» »	» »	» »	» »
50,451 58	18123 80	17248 38	18107 98	14728 60	285 »	201 45	11524 80	11534 80	» »	5,738 35	2,410 »	» »	» »	» »	» »	1,000 »
51,812 08	18830 80	17727 73	18450 08	15175 60	285 »	213 40	11529 20	11757 »	» »	5,938 35	2,717 »	» »	» »	» »	» »	1,000 »

Mois de Septembre 1860.

NUMÉROS D'ORDRE.	DATES.	FOLIOS du Grand-Livre.	FORMALITÉS HYPOTHÉCAIRES, Décharges de Pièces, Noms des Correspondants. *Observations et Renseignements divers.*	NOMS, PRÉNOMS ET DOMICILES DES CLIENTS. **Énonciation des Actes et détail des Articles.**	
51	1	3 4		*Doit* LUCHON (Victor), pharmacien, à Paris, rue Vide-Gousset, n° 3, pour inventaire après séparation de corps. *à T* . . . . 50 35 *à E.* . . . . 33 » *à H.* . . . . 279 » *à Marx.* . . . . . 36 »	Timbre de minute. . . 17 85 Enregistrement. . . . 33 » 14 vacations du notaire . 126 » 6 vacations de Marx, comm. priseur . . . . 36 » Expédition 31 rôles . . 185 50
52	12	3 F° L. d'H. en second. 3		*Doit* FLANDRIN (Isaac), professeur à Paris, pour inventaire. *à T.* . . . . 22 85 *à E.* . . . . 11 » *à H.* . . . . 202 50 A M° X., notaire en second, mémoire A Breugnon, comm^re^ priseur. . . . . . . 12 »	Timbre de minute . . 6 60 Enregistr. 4 40 + 6 60 11 » 5 vacations du notaire. . 45 » 5 vacations du notaire en second . . . . . 45 » 2 vacations de com. pris. 12 » Expéditioo en 25 rôles. . 91 25 Aperçu liquidatif pour le paiement des droits. . 37 50
53	 10	1 1 2		*Doit* ENREGISTREMENT A CAISSE : versé *Doit* LALONDE (Jean), succession. Pour Enregistrement de son testament, n° 19 . . . . Pour expédition de ce testam. 2 rôles	 . . . . 5 50 . . . . 7 25
54	5 1 1	4 1 3 3		*Doit* DURAND (Louis), pour compte de la tutelle rendu à Blaise. *à T.* . . . . 6 25 *à E.* . . . . 2 20 *à H.* . . . . 36 » *Doit* CAISSE aux suivants: 1° A NAVIER, n° 41. . . . . 2° A LUCHON, n° 51.	Timbre de minute. . . 2 50 Enregistrement . . . 2 20 Honoraires. . . . . 18 » Expédition, 6 rôles. . . 21 75 . . . . 35 45 . . . . 398 35
55	 30 id.	2 1		*Doit* FRAIS GÉNÉRAUX A CAISSE : Payé appointem. des clercs. . . . Achat de Timbres-poste.	 . . . . 300 » . . . . 5 »
		» — 1 30 — 1		*Doit* TIMBRE A CAISSE : Achat de 4 mains à 1 f. 25	
					Total de cette page. . . . . .
					Report de la page précédente. . .
					TOTAUX. . . . . .

Preuve de la justesse des Opérations.	DÉBIT.		CRÉDIT.	
Divers.	703	90	481	80
Caisse.	433	80	481	70
Timbre	125	»	80	70
Enregistrement. .	51	70	51	70
Honoraires. . .	»	»	523	50
Frais généraux. .	305	»	»	»
Profits et Pertes. .	»	»	»	»
Capital	»	»	»	»
Égalité. .	1,619	40	1,619	40

Mois de Septembre 1860.

TOTALITÉ des OPÉRATIONS.	DIVERS		CAISSE		TIMBRE		ENREGISTREMENT		HONORAIRES		FRAIS GÉNÉRAUX		PROFITS & PERTES		CAPITAL	
	DÉBIT.	CRÉDIT.	DÉBIT.	CRÉDIT.	DÉBIT.	CRÉDIT.	DÉBIT.	CRÉDIT.	DÉBIT.	CRÉDIT.	DÉBIT.	CRÉDIT.	DÉBIT.	CRÉDIT.	DÉBIT.	CRÉDIT.
398 35	398 35	36 »	» »	» »	» »	50 35	» »	33 »	» »	279 »	» »	» »	» »	» »	» »	» »
248 35	248 35	12 »	» »	» »	» »	22 85	» »	11 »	» »	202 50	» »	» »	» »	» »	» »	» »
51 70	» »	» »	» »	51 70	» »	» »	51 70	» »	» »	» »	» »	» »	» »	» »	» »	» »
12 75	12 75	» »	» »	» »	» »	1 25	» »	5 50	» »	6 »	» »	» »	» »	» »	» »	» »
44 45	44 45	» »	» »	» »	» »	6 25	» »	2 20	» »	36 »	» »	» »	» »	» »	» »	» »
433 80	» »	433 80	433 80	» »	» »	» »	» »	» »	» »	» »	» »	» »	» »	» »	» »	» »
305 »	» »	» »	» »	305 »	» »	» »	» »	» »	» »	» »	305 »	» »	» »	» »	» »	» »
125 »	» »	» »	» »	125 »	125 »	» »	» »	» »	» »	» »	» »	» »	» »	» »	» »	» »
1,619 40	703 90	481 80	433 80	481 70	125 »	80 70	51 70	51 70	» »	523 50	305 »	» »	» »	» »	» »	» »
51,812 08	18830 80	17727 73	18450 08	15175 60	285 »	213 40	11529 20	11757 »	» »	5,938 35	2,717 »	» »	» »	» »	» »	1,000 »
53,431 48	19534 70	18209 53	18883 88	15657 30	410 »	294 10	11580 90	11808 70	» »	6,461 85	3,022 »	» »	» »	» »	» »	1,000 »

Mois d'Octobre 1860.

NUMÉROS D'ORDRE.	DATES.	FOLIOS du Grand-Livre.	FORMALITÉS HYPOTHÉCAIRES, Décharges de Pièces, Noms des Correspondants. *Observations et Renseignements divers.*	NOMS, PRÉNOMS ET DOMICILES DES CLIENTS. **Énonciation des Actes et détail des Articles.**	
56	1	4		*Doit* LÉPINE (Côme), homme de lettres, à Neuilly, pour procès-verbal d'enchère d'immeuble. *à T.* . . . . 2 50 *à E.* . . . . 2 20 *à H.* 30 90	Timbre de minute. . . 2 50 Enregistrement. . . . 2 20 Honoraires. 30 90
57	15 15 janv. 1861	4 4 4	*Transcrit à Bordeaux, le 27 octobre* 1860.	*Doit* LAFILLE (Antoine), négociant en vins, demeurant à Bordeaux, pour adjudication Lépine, moyennant 1,980 fr. *à T* . . . . 8 20 *à E* . . . . 119 79 *à H* . . . . 52 80 *à C.* . . . . 25 » *Doit* LE MÊME A LÉPINE : pour frais préliminaires, n° 56.	Timbre de minute. . . » 70 Enregistrement. . . . 119 79 Honoraires 1 p. 0/0 . . 19 80 Expédition, 11 rôles. . 40 50 Payé transcription. . . 25 »
58	25	4 2		*Doit* DURAND (Louis), pour arrêté de compte de tutelle (Voir n° 54) : *à T.* . . . . 1 95 *à E.* . . . . 2 20 *à H.* . . . . 15 » *Doit* LALONDE (Jean), pour honoraires de son testament, n° 19, à 1/2 p. 0/0 sur la succession.	Timbre de minute. . . » 70 Enregistrement. . . 2 20 Honoraires. . . . . 9 » Expédition en 2 rôles. . 7 25
59	1 8 14	1 1 3 1 F° L. d'H. en second.		*Doit* ENREGISTREMENT A CAISSE : versé. . . . . . *Doit* BREUGNON A CAISSE : Payé n°s 16 et 52. . *Doit* GROUSEL, notaire à Versailles, pour honoraires en second sur vente Henri à Zonys, moyenn. 50,000	
60	30 30	2 1 1	1 — 3 8 — 4 8 — 4	*Doit* FRAIS GÉNÉRAUX A CAISSE : Payé pour appointements des clercs . . . . Payé cotisation à la Chambre. . . *Doit* CAISSE aux suivants : 1° A FLANDRIN, n° 52 . . . . 2° A DURAND, n°s 54 et 58 . . 3° A LAFILLE, n° 57	 . . . . 300 » . . . . 100 » . . . . 255 60 . . . . 63 60 . . . . 35 60
					Total de cette page. . . . . . Report de la page précédente. . . *TOTAUX.* . . .

Preuve de la justesse des Opérations.	DÉBIT.		CRÉDIT.	
Divers.	420	14	390	40
Caisse.	354	80	573	19
Timbre	»	»	42	65
Enregistrement. .	124	19	124	19
Honoraires . . .	»	»	198	70
Frais généraux. .	400	»	»	»
Profits et Pertes. .	»	»	»	»
Capital.	»	»	»	»
Égalité. .	1,299	13	1,299	13

Mois d'Octobre 1860.

TOTALITÉ des OPÉRATIONS.	DIVERS		CAISSE		TIMBRE		ENREGISTREMENT		HONORAIRES		FRAIS GÉNÉRAUX		PROFITS & PERTES		CAPITAL	
	DÉBIT.	CRÉDIT.	DÉBIT.	CRÉDIT.	DÉBIT.	CRÉDIT.	DÉBIT.	CRÉDIT.	DÉBIT.	CRÉDIT.	DÉBIT.	CRÉDIT.	DÉBIT.	CRÉDIT.	DÉBIT.	CRÉDIT.
35 60	35 60	» »	» »	» »	» »	2 50	» »	2 20	» »	30 90	» »	» »	» »	» »	» »	» »
205 79	205 79	» »	» »	25 »	» »	8 20	» »	119 79	» »	52 80	» »	» »	» »	» »	» »	» »
35 60	35 60	35 60	» »	» »	» »	» »	» »	» »	» »	» »	» »	» »	» »	» »	» »	» »
19 15	19 15	» »	» »	» »	» »	1 95	» »	2 20	» »	15 »	» »	» »	» »	» »	» »	» »
100 »	100 »	» »	» »	» »	» »	» »	» »	» »	» »	100 »	» »	» »	» »	» »	» »	» »
124 19	» »	» »	» »	124 19	» »	» »	124 19	» »	» »	» »	» »	» »	» »	» »	» »	» »
24 »	24 »	» »	» »	24 »	» »	» »	» »	» »	» »	» »	» »	» »	» »	» »	» »	» »
mémoire.	» »	» »	» »	» »	» »	» »	» »	» »	» »	» »	» »	» »	» »	» »	» »	» »
400 »	» »	» »	» »	400 »	» »	» »	» »	» »	» »	» »	400 »	» »	» »	» »	» »	» »
354 80	» »	354 80	354 80	» »	» »	» »	» »	» »	» »	» »	» »	» »	» »	» »	» »	» »
4,299 13	420 14	390 40	354 80	573 19	» »	12 65	124 19	124 19	» »	198 70	400 »	» »	» »	» »	» »	» »
53,431 48	19534 70	18209 53	18883 88	15057 30	410 »	294 10	11580 90	11808 70	» »	6,461 85	3,022 »	» »	» »	» »	» »	1,000 »
54,730 61	19954 84	18599 93	19238 68	16230 49	410 »	199 15	11705 09	11932 89	» »	6,660 55	3,422 »	» »	» »	» »	» »	1,000 »

Mois de Novembre 1860.

NUMÉROS D'ORDRE.	DATES.	FOLIOS du Grand-Livre	FORMALITÉS HYPOTHÉCAIRES, Décharges de Pièces, Noms des Correspondants. *Observations et Renseignements divers.*	NOMS, PRÉNOMS ET DOMICILES DES CLIENTS. **Énonciation des Actes et détail des Articles.**	
61	1 6 nov., 15 déc.,	4	*Signification à la Compagnie d'assurance par exploit de Foucon, huissier à Paris, du 25 octobre 1860.* *Subrogation à Paris du 10 décembre 1860 dans l'inscription du 15 janvier 1855, vol. 879, n° 10.*	*Doit* BOUTTEFOL (Jean), ingénieur, à Paris, pour transport de 20,000 fr. à Fouinat. *à T.* . . . . 10 35 *à E.* . . . . 224 40 *à H.* . . . . 219 25 *à C.* 11 80	Timbre de minute. . . 2 85 Enregistrement . . . 224 40 Honoraires. . . . . 200 » Extrait pr subroger 4 rôles 14 50 Timbre d'expédition en en 8 rôles . . . . . . 5 » Extrait pour signifier à l'Assurance . . . . . 7 25 Payé signification . . . 7 75 Payé subrogation . . . 4 05
62	3 8 nov.	3 3 F° du Liv. d'Honoraires en second.	*La déclaration de succession faite le 15 janvier 1861.*	*Doit* BORNICHE (Nicolas), directeur d'assurances, à Neuilly, pour inventaire après le décès de sa femme. *à T.* . . . . 10 70 *à E.* . . . . 2 20 *à H* . . . . 81 » A BREUGNON. . . . 6 » A M. X., notaire, en second, mémoire, *à C.* . . . . 3 30 NOTA. — Les honoraires en second sont toujours compris avec les honoraires du notaire en premier et portés sur un livre spécial qui sert de memento.	Timbre de minute. . . 3 20 Enregistrement . . . 2 20 1 Vacation du notaire . 9 » 1 Vacat. du notaire en 2e 9 » Référé : vacation . . . 9 » Payé enregistrement de l'ordonnance. . . . . 3 30 1 Vacation du Commissaire priseur. . . . . 6 » Expédition, 12 rôles . . 45 50 Aperçu liquidatif pour l'acquit des droits . . . 18 »
63	25 6 nov. Id. Id. 25 déc.,	4	*Transcrit à Soissons le 2 décembre 1860, vol. 495, n° 78.* *Me Choron, avoué, chargé de la purge.*	*Doit* THINOT (Alexandre), propriétaire à Mercin, pour cahier des charges d'immeubles divisés en 2 lots. *à T.* . . . . 6 25 *à E.* 2 20 + 408 98 411 18 *à H.* . . . . 344 55 *à C.* . . . . 52 »	Timbre de minute. . . 3 75 Enregistrement. . . . 2 20 Payé impression d'affiches 14 » Payé apposition d'affiches. 3 » Payé insertion dans le journal . . . . . . 20 » Enregistrement de l'adjudication . . . . . . 408 98 Timbre de 2 extraits . . 2 50 Payé transcription. . . 15 » Honoraires. 344 55
64	30 30	4 4 4 4		*Doit* GRÉGOIRE A THINOT, pour adjudication du 1er lot, moyennant 3,375 (n° 63). *Doit* BOIVIN A THINOT, pour adjudication du 2e lot, moyennant même somme, ci. .	Timbre de minute. . . » » Enregistrement. . . . 204 49 Honoraires à 5 p. 0/0. . 168 75 1 p. 0/0 pour frais de publication 33 75
65	30 30	2 1 1 1		*Doit* FRAIS GÉNÉRAUX A CAISSE, pour appointements des clercs. *Doit* ENREGISTREMENT A CAISSE : versé	. . . . 300 »

Preuve de la justesse des Opérations.	DÉBIT.		CRÉDIT.	
Divers.	2,196	96	819	98
Caisse.	»	»	1,004	88
Timbre.	»	»	27	30
Enregistrement. .	637	78	637	78
Honoraires . . .	»	»	644	80
Frais généraux. .	300	»	»	»
Pertes et Profits. .	»	»	»	»
Capital	»	»	»	»
Égalité . .	3,134	74	3,134	74

Total de cette page. . . . . .

Report de la page précédente . .

TOTAUX. . . . .

Mois de Novembre 1860.

TOTALITÉ des OPÉRATIONS.	DIVERS		CAISSE		TIMBRE		ENREGISTREMENT		HONORAIRES		FRAIS GÉNÉRAUX		PROFITS & PERTES		CAPITAL	
	DÉBIT.	CRÉDIT.	DÉBIT.	CRÉDIT.	DÉBIT.	CRÉDIT.	DÉBIT.	CRÉDIT.	DÉBIT.	CRÉDIT.	DÉBIT.	CRÉDIT.	DÉBIT.	CRÉDIT.	DÉBIT.	CRÉDIT.
465 80	465 80	» »	» »	11 80	» »	10 35	» »	224 40	» »	219 25	» »	» »	» »	» »	» »	» »
103 20	103 20	6 »	» »	3 30	» »	10 70	» »	2 20	» »	81 »	» »	» »	» »	» »	» »	» »
813 98	813 98	» »	» »	52 »	» »	6 25	» »	411 18	» »	344 55	» »	» »	» »	» »	» »	» »
406 99	406 99	406 99	» »	» »	» »	» »	» »	» »	» »	» »	» »	» »	» »	» »	» »	» »
406 99	406 99	406 99	» »	» »	» »	» »	» »	» »	» »	» »	» »	» »	» »	» »	» »	» »
300 »	» »	» »	» »	300 »	» »	» »	» »	» »	» »	» »	300 »	» »	» »	» »	» »	» »
637 78	» »	» »	» »	637 78	» »	» »	637 78	» »	» »	» »	» »	» »	» »	» »	» »	» »
3,134 74	2196 96	819 98	» »	1004 88	» »	27 30	637 78	637 78	» »	644 80	300 »	» »	» »	» »	» »	» »
54,730 61	19954 84	18599 93	19238 68	16230 49	410 »	306 75	11705 09	11932 89	» »	6,660 55	3,422 »	» »	» »	» »	» »	1,000 »
57,865 35	22151 80	19419 91	19238 68	17235 37	410 »	334 05	12342 87	12570 67	» »	7,305 35	3,722 »	» »	» »	» »	» »	1,000 »

Mois de Décembre 1860.

NUMÉROS D'ORDRE.	DATES.	FOLIOS du Grand-Livre.	FORMALITÉS HYPOTHÉCAIRES, Décharges de Pièces, Noms des Correspondants. *Observations et Renseignements divers.*	NOMS, PRÉNOMS ET DOMICILES DES CLIENTS. **Enonciation des Actes et détail des Articles.**	
66	1	4 3	*Remis le 15 décembre l'expédition à Mᵉ Ramond, notaire, pour transcrire.*	*Doit* DUGUET (Philias), artiste, demeurant à Paris, rue Meslay, n° 30, pour adjudication Adam, moyennant 382,000 fr. *à T.* . . . . . . 65 35 *à E.* . . . . . . 23,951 73 *à H.* . . . . . . 1,077 50 A PERICHON, avoué. 3,177 50 (Voir pour la taxe, dans ce cas, l'article 11 de l'ord. du 10 octob. 1841).	Timbre de minute. . . 2 85 E.23,949 f.53 + 2 20 23,951 73 Honoraires du notaire. . 777 50 Remise proportionnelle de M. Périchon, avoué . . 1,477 50 Expédition, 50 rôles. . 181 25 Grosse, 50 rôles. . . 181 25 Frais préliminaires dus à l'avoué Périchon. . . . 1,700 »
67	3 5 déc.	3	*Envoyé la décharge à Mᵉ Vraye, notaire à Compiègne, le 10 décembre* 1860.	*Doit* PLIQUE, pour décharge de mandat.	Timbre de brevet. . . 35 » Enregistrement . . . 2 20 Honoraires. . . . . 3 95 Légalisation. . . . . » 50
68	 1 1 5 10 Id. Id.	 2 4 4 3 4 4		*Doit* CAISSE aux suivants : 1° A LALONDE, f° 2. . . . . 2° A LAFILLE, n° 37. . . . . 3° A DUGUET, n° 66. . . . . 4° A PLIQUE, nᵒˢ 42 et 67. . . 5° A BOUTTEFOL, n° 61. . . . 6° A GRÉGOIRE, n° 64. . . .	 . . . . 132 » . . . . 205 79 . . . . 28,000 » . . . . 14 » . . . . 465 80 . . . . 406 80
69	 25	4 2 2 2 2 1 1		*Doit* PROFITS ET PERTES aux suivants : 1° A DUBOIS, n° 13. . . . . 2° A BOULNOIS, n° 21. . . . 3° A GAUDICHON, nᵒˢ 22 et 23. . 4° A HARDY, n° 26. . . . . *Doit* ENREGISTREMENT A CAISSE : versé pour solde de l'année.	 . . . . 15 50 . . . . 4 04 . . . . 13 65 . . . . 3 75
70	 30 Id. Id.			*Doit* FRAIS GÉNÉRAUX A CAISSE : Payé appointements des clercs. . . Payé cotisation à la Chambre. . . Payé pour étrennes.	 . . . . 300 » . . . . 100 » . . . . 50 »

Preuve de la justesse des Opérations.	DEBIT.		CRÉDIT.	
Divers.	28,279	08	32,438	83
Caisse.	29,224	39	24,632	23
Timbre	»	»	65	70
Enregistrement. .	24,184	73	23,953	93
Honoraires . . .	»	»	1,081	45
Frais généraux. .	450	»	»	»
Pertes et Profits. .	36	94	»	»
Capital	»	»	»	»
Égalité. .	82,172	14	82,172	14

Total de cette page. . . . . .

Report de la page précédente . . .

TOTAUX. . . . . .

Mois de Décembre 1860.

TOTALITÉ des OPÉRATIONS.	DIVERS		CAISSE		TIMBRE		ENREGISTREMENT		HONORAIRES		FRAIS GÉNÉRAUX		PROFITS & PERTES		CAPITAL	
	DÉBIT.	CRÉDIT.	DÉBIT.	CRÉDIT.	DÉBIT.	CRÉDIT.	DÉBIT.	CRÉDIT.	DÉBIT.	CRÉDIT.	DÉBIT.	CRÉDIT.	DÉBIT.	CRÉDIT.	DÉBIT.	CRÉDIT.
28,272 08	28272 08	3,177 50	» »	» »	» »	65 35	» »	23954 73	» »	1,077 50	» »	» »	» »	» »	» »	» »
7 »	7 »	» »	» »	» 50	» »	» 35	» »	2 20	» »	3 95	» »	» »	» »	» »	» »	» »
29,224 39	» »	29224 39	29224 39	» »	» »	» »	» »	» »	» »	» »	» »	» »	» »	» »	» »	» »
36 94	» »	36 94	» »	» »	» »	» »	» »	» »	» »	» »	» »	» »	36 94	» »	» »	» »
24,181 73	» »	» »	» »	24181 73	» »	» »	24181 73	» »	» »	» »	» »	» »	» »	» »	» »	» »
450 »	» »	» »	» »	450 »	» »	» »	» »	» »	» »	» »	450 »	» »	» »	» »	» »	» »
82,172 14	28279 08	32438 83	29224 39	24632 23	» »	65 70	24181 73	23953 93	» »	1,081 45	450 »	» »	36 94	» »	» »	» »
57,865 35	22151 80	19419 91	19238 68	17235 37	440 »	334 05	12342 87	12570 67	» »	7,305 35	3,722 »	» »	» »	» »	» »	1,000 »
140,037 49	50430 88	51858 74	48463 07	41867 60	410 »	399 75	36524 60	36524 60	» »	8,386 80	4,172	» »	36 94	» »	» »	1,000 »

Nº 71. Solde des Comptes de l'année 1860

(Voir nº 9 de la Théorie.)

Il ne faut pas oublier que toutes les dépenses, quelles que soient leurs dates, sont reportées aux numéros du Journal sous lesquels sont inscrits les actes qu'elles concernent. — Le coût des actes faits dans les derniers mois d'une année comportera nécessairement des dépenses de l'année suivante; on en voit un exemple au nº 57 du Journal de 1860, qui comporte une dépense de 1861. — Cela a augmenté d'autant les dépenses de 1860 au détriment de 1861; c'est pourquoi le livre de Caisse constate à la fin de l'année une dépense de 41,842 fr. 60, avec un encaisse réel de 6,620 fr. 47, tandis qu'au Journal la dépense est de 41,867 fr. 60, avec une balance de Caisse de 6,595 fr. 47 seulement; c'est une différence de 25 fr. qui est bien le chiffre qui figure au nº 57. — Il convient donc de rétablir à la Caisse de 1861 les 25 fr. par elle avancés à l'année 1860; de cette manière, on aura un encaisse de 6,620 fr. 47 aussi bien au Journal qu'au Livre de Caisse; ce qui est la vérité. — Il n'y a donc plus qu'à trouver la formule qui restitue à 1861 la somme par elle prêtée à 1860.

Quelle est cette formule?

Pour la trouver, il suffit de se rendre compte du rôle que joue cet emprunt d'une année à une autre. — Dans l'espèce, c'est le compte de *Divers* qui a reçu les 25 fr. Son *Débit* (qui reçoit doit, nº 1 de la Théorie) a été augmenté d'autant; par contre le *Crédit* de Caisse (qui a fourni en puisant dans la Caisse de 1861) a éprouvé la même augmentation. — Si maintenant on crédite le compte de Divers en débitant le compte de Caisse de la même somme de 25 fr., les choses sont replacées dans leur véritable position et donnent une situation exacte. — La formule qui donne ce résultat est celle-ci :

Fº 1er. *Doit* CAISSE

Fº 5. A DIVERS : telle somme (soit ici 25 fr.) pour avance faite par l'année 1861 à l'année 1860 pour le complément de coûts d'actes, ci. . . . .

La somme ainsi due par la *Caisse* à *Divers* est toujours la différence qui existe entre les dépenses du Livre de Caisse d'avec celles du Journal.

(*Nota bene*). On procédera de la même manière pour l'*Enregistrement*. — Il peut arriver qu'un acte, un inventaire, par exemple, commencé à la fin de l'année soit terminé ou enregistré l'année suivante. — Dans ce cas, l'enregistrement est reporté à l'année précédente aux nºs sous lesquels les actes sont inscrits. — Et pour rétablir à la fin de l'année les choses dans leur vérité, on dira .

Doit ENREGISTREMENT

A DIVERS : telle somme pour Enregistrement fait en 1861, d'actes figurant au Journal de 1860 . . . .

On comprend que cet Enregistrement aura été reçu par le compte de *Divers*, dont il aura grossi le débit (*qui reçoit doit*), — et en le créditant, il rendra tout ce qu'il aura reçu.

Quand au compte de Timbre pour les expéditions, grosses ou extraits faits en 1861, par exemple, d'actes de l'année 1860, dans laquelle ces expéditions, ou grosses, seront portées, il n'est guère besoin, à mon avis, de s'en occuper. — Ce compte offrira plus souvent un actif qu'un passif par les raisons exprimées page 29 (sur le *Timbre*), et l'on se contentera de faire la balance de ce compte sur les chiffres qu'il se trouve avoir à son Débit et à son Crédit. — Si l'on y tient cependant, on devra constater tout le timbre qui, d'une année, passe à une autre antérieure, et dire :

Doit TIMBRE

A DIVERS pour le timbre acheté en 1861 (toujours comme exemple) et fourni pour les actes de 1860, où il se trouve constaté . . . .

Le timbre acheté en 1861 et employé pour les actes de l'année 1860, où il figure, aura eu pour effet de grossir le crédit de ce compte en 1860 et d'augmenter d'autant le débit du compte *Divers*. — Il faut donc appliquer le même raisonnement que pour la *Caisse* et l'*Enregistrement*, comme on le voit ci-dessus; c'est-à-dire, créditer le compte *Divers* de tout ce qu'il a reçu de timbre au détriment de 1861 et débiter de la même somme le compte de *Timbre* de 1860.

Quand les choses sont ainsi établies, on fait l'addition de tous les comptes, et on procède au solde des comptes de l'année, comme il est dit au nº 9 de la Théorie. . . . .

Au lieu de suivre pour cette opération les comptes, selon leur ordre, comme il a été fait à la Théorie; il vaut mieux commencer par les comptes qui se soldent d'eux-mêmes sans la Balance de Sortie, et finir par les comptes pour le solde desquels cette Balance est nécessaire. On soldera donc les comptes *Honoraires*, *Frais généraux* et *Profits et Pertes*, en disant :

Fº 5. *Doit* HONORAIRES			
Fº 4. A PROFITS ET PERTES pour honoraires bruts pendant l'année (Voir nº 14 de la Théorie).			
Fº 4. *Doit* PROFITS ET PERTES			8,349 86
Fº 2. A FRAIS GÉNÉRAUX pour le montant des frais de cette nature pendant l'année (Voir nº 15 de la Théorie).	4,172	»	
Fº 1er. A CAPITAL pour bénéfices nets et balance (Voir nº 16 de la Théorie)	4,177	86	

Quand ces comptes sont ainsi soldés, on se sert de la *Balance de Sortie* qui va prendre les différences actives et passives des autres comptes; elle restituera ces mêmes différences à leurs comptes propres, lorsqu'on ouvrira les écritures de l'année suivante au moyen de la *Balance d'Entrée*. — On dira donc sur le compte de Divers :

Fº 5. *Doit* DIVERS			
Fº 5. A BALANCE DE SORTIE pour ce que doit l'Étude et balance : 1,452 86	1,452	86	

Quand le *Débit* du compte Divers est supérieur au *Crédit*, on se sert de la formule nº 10 de la Théorie (Voir l'observation faite au bas de la page 8).

Sur le compte de Caisse et celui de Timbre, on dira :

Fº 5. *Doit* BALANCE DE SORTIE.			6,630 72
Fº 1er. 1º A CAISSE pour ce qui reste en numéraire et balance (Voir nº 11 de la Théorie)			
Fº 1er. 2º A TIMBRE pour ce qui en reste en nature (Voir nº 12 de la Théorie)			

Finalement sur le compte de Capital, on dira :

Fº 1er. *Doit* CAPITAL			
A BALANCE DE SORTIE pour Capital net et Balance (Voir nº 17 de la Théorie).	5,177	86	
Egalité. . . .	6,630	72	6,630 72

Nº 72. Année 1861.

Pour commencer les opérations de 1861, la Balance de Sortie fait place à la Balance d'Entrée. — Cette balance fera l'opération inverse. Elle sera débitrice là où la Balance de Sortie était créancière et *vice versâ*. Ainsi on dira :

Doit BALANCE D'ENTRÉE (Voir nº 20 de la Théorie).			6,630 72
1º A DIVERS pour ce que doit l'Etude.	1,452	86	} égalité.
2º A CAPITAL pour Capital net.	5,177	86	
Doivent les comptes suivants à BALANCE D'ENTRÉE			6,630 72
1º CAISSE pour ce qu'il y a en numéraire à la fin de l'année.	6,620	47	} égalité.
2º TIMBRE pour ce qui en reste en nature.	10	25	

On se rappelle que l'année 1861 a prêté à 1860 une somme de 25 fr., et que l'on a rétabli la balance des comptes à cet égard pour avoir la situation vraie de chacun d'eux en ce qui touche 1860. — Il faut pour 1861 rétablir à la Caisse de cette année la somme par elle prêtée. — Comme c'est le compte Divers qui a reçu cette somme en 1860, mais qui en a été déchargé plus haut pour rétablir les comptes dans leur véritable situation, afin de faire la Balance de fin d'année; il convient donc de lui faire restituer cette somme en disant :

Doit DIVERS

A CAISSE : telle somme (soit ici 25 fr.) pour avance faite à l'année 1860, ci. . . . .

Solde des Comptes de l'année 1860.

TOTALITÉ des OPÉRATIONS.	DIVERS		CAISSE		TIMBRE		ENREGISTREMENT		HONORAIRES		FRAIS GÉNÉRAUX		PROFITS & PERTES		CAPITAL	
	DÉBIT.	CRÉDIT.	DÉBIT.	CRÉDIT.	DÉBIT.	CRÉDIT.	DÉBIT.	CRÉDIT.	DÉBIT.	CRÉDIT.	DÉBIT.	CRÉDIT.	DÉBIT.	CRÉDIT.	DÉBIT.	CRÉDIT.
140,037 49	50430 88	51858 74	48463 07	41867 60	410 »	399 75	36524 60	36524 60	» »	8,386 80	4,172 »	» »	36 94	» »	» »	1,000 »
25 »	» »	25 »	25 »	» »	» »	» »	» »	» »	» »	» »	» »	» »	» »	» »	» »	» »
» »	» »	» »	» »	» »	» »	» »	» »	» »	» »	» »	» »	» »	» »	» »	» »	» »
» »	» »	» »	» »	» »	» »	» »	» »	» »	» »	» »	» »	» »	» »	» »	» »	» »
140,062 49	50430 88	51883 74	48488 07	41867 60	410 »	399 75	36524 60	36524 60	» »	8,386 80	4,172 »	» »	36 94	» »	» »	1,000 »
» »	» »	» »	» »	» »	» »	» »	» »	» »	8,386 80	» »	» »	» »	» »	8,386 80	» »	» »
» »	» »	» »	» »	» »	» »	» »	» »	» »	» »	» »	» »	» »	8,349 86	» »	» »	» »
» »	» »	» »	» »	» »	» »	» »	» »	» »	» »	» »	» »	4,172 »	» »	» »	» »	» »
» »	» »	» »	» »	» »	» »	» »	» »	» »	» »	» »	» »	» »	» »	» »	» »	4,177 86
» »	1,452 86	» »	» »	» »	» »	» »	» »	» »	» »	» »	» »	» »	» »	» »	» »	» »
» »	» »	1,452 86	» »	» »	» »	» »	» »	» »	» »	» »	» »	» »	» »	» »	» »	» »
» »	6,630 72	» »	» »	» »	» »	» »	» »	» »	» »	» »	» »	» »	» »	» »	» »	» »
» »	» »	» »	» »	6,620 47	» »	» »	» »	» »	» »	» »	» »	» »	» »	» »	» »	» »
» »	» »	» »	» »	» »	» »	10 25	» »	» »	» »	» »	» »	» »	» »	» »	» »	» »
» »	» »	5,177 86	» »	» »	» »	» »	» »	» »	» »	» »	» »	» »	» »	» »	5,177 86	» »
» »	58514 46	58514 46	48488 07	48488 07	410 »	410 »	36524 60	36524 60	8,386 80	8,386 80	4,172 »	4,172 »	8,386 80	8,386 80	5,177 86	5,177 86
» »	» »	1,452 86	» »	» »	» »	» »	» »	» »	» »	» »	» »	» »	» »	» »	» »	» »
» »	» »	» »	» »	» »	» »	» »	» »	» »	» »	» »	» »	» »	» »	» »	» »	5177 86
» »	» »	» »	6,620 47	» »	» »	» »	» »	» »	» »	» »	» »	» »	» »	» »	» »	» »
» »	» »	» »	» »	» »	10 25	» »	» »	» »	» »	» »	» »	» »	» »	» »	»	
25 »	25 »	» »	» »	25 »	» »	» »	» »	» »	» »	» »	» »	» »	» »	» »		

La balance générale des comptes de l'année 1860 fait connaître au Notaire la situation de son Étude sur les huit comptes de la comptabilité.

Il sait :

1° *Sur le compte de Divers.* — Qu'il doit à ses cliens 1,452 fr. 80 c. de plus que le montant des recouvrements qu'il a à faire. — Quand il paiera un des comptes créditeurs, Périchon, par exemple (n° 66 du Journal), ce compte Divers changera de physionomie. — Son Débit deviendra aussitôt plus élevé que son Crédit; mais la Caisse en sera diminuée d'autant. On aurait donc tort d'induire que l'Étude est dans une situation délicate, parce que son compte *Divers* a plus à payer qu'il n'a à recevoir; comme les comptes s'enchaînent, c'est le résultat final que donne leur ensemble qu'il faut consulter.

2° *Sur le compte de Caisse.* — Que son encaisse est de 6,620 fr. 47 c.

3° *Sur le compte de Timbre.* — Qu'il lui en reste en nature pour 10 fr. 25 c.

4° *Sur le compte d'Enregistrement.* — Qu'il se balance.

5° *Sur le compte des Honoraires.* — Qu'ils se sont élevés à 8,386 fr. 80 c. bruts.

6° *Sur le compte des Frais généraux.* — Que les frais de cette nature se sont élevés à 4,172 fr.

7° *Sur le compte de Profits et Pertes.* — Que ses bénéfices nets, toutes pertes et tous frais déduits, ont été de 4,177 fr. 86 c.

Et sur le compte de Capital. — Qu'il a été augmenté des bénéfices nets, soit 4,177 fr. 86 c. — Cette somme, ajoutée au capital primitif, forme un capital à nouveau de 5,177 fr. 86 c.

1861.

Quant à l'année suivante, le Notaire la commence *passivement* avec :

1° 1,452 fr. 86 c. qu'il doit au compte *Divers,*

2° Et 5,177 fr. 86 c. qu'il doit à *Capital,* en d'autres termes, à lui-même ;

Et *activement* avec :

1° 10 fr. 25 de timbre,

2° Et 6,620 fr. 47 c. d'argent en caisse.

L'actif étant égal au passif, cela démontre que le Notaire peut se payer son capital de 5,177 fr. 86 c. figurant au passif.

EXPLICATIONS SUR LES ARTICLES DU JOURNAL

Avec leur renvoi à la Théorie,

ET

COMPARAISON DU COMPTE DE CAISSE.

Il peut sembler superflu de s'expliquer sur la manière dont les articles du Journal ont été passés. — Mais en pareille matière, j'aime mieux être prolixe que laconique, et je vais passer en revue chaque article du Journal pour démontrer que les écritures ont été faites conformément aux principes de la Théorie.

Préalablement, il n'est pas inutile de faire le parallèle du compte de Caisse, tel qu'il figure au *Livre de Caisse* et au *Journal.*

On sait que le livre de Caisse doit, au moyen de la division mensuelle des dépenses, indiquer le chiffre de ces dépenses au Journal. — A la page 27, on voit à la récapitulation marginale le montant des sommes qui ont dû entrer dans chaque mois du Journal.— Faisons-en ici la comparaison pour voir si ce qui a été dit aux pages 17 et 18 est bien démontré et justifié :

Janvier — au Livre de Caisse	1,019 fr.	55 c.	— au Journal .	1,019 fr.	55 c.
Février	id.	387	35	id. . .	387	35
Mars	id.	10,903	40	id. . .	10,903	40
Avril	id.	1,080	20	id. . .	1,080	20
Mai	id.	436	90	id. . .	436	90
Juin	id.	431	»	id. . .	431	»
Juillet	id.	470	»	id. . .	470	»
Août	id.	447	»	id. . .	447	»
Septembre	id.	481	70	id. . .	481	70
Octobre	id.	548	19	id. . .	573	19
Novembre	id.	1,004	88	id. . .	1,004	88
Décembre	id.	24,632	23	id. . .	24,632	23
		41,842	60		41,867	60

Au Livre de Caisse, on voit une dépense de 41,842 fr. 60 c. qui est la dépense réelle faite pendant l'année 1860; et au Journal, on trouve une dépense de 41,867 fr. 60 c.— Pourquoi cette dernière dépense n'est-elle pas égale à celle constatée au Livre de Caisse? — C'est parce qu'en 1861, il a été fait des dépenses applicables à des actes portés au Journal de 1860. On se rappelle, en effet, qu'en octobre 1860, figure une dépense de 25 fr. faite en 1861 (voir n° 57 du Journal). Et comme le but de toute comptabilité est d'offrir des résultats certains, il faut donc, lors de la balance générale des comptes, rétablir les choses dans leur véritable état, afin de former la *Balance de Sortie* sur une situation vraie. C'est cette opération qui a été faite avant de faire les additions de tous les comptes de 1860, pour les 25 fr. de différence prêtés par l'année 1861 à celle de 1860. — Cette même opération a été encore faite, mais en sens inverse, au commencement de l'année 1861 qui se trouve être créditée de 25 fr. qu'elle avait déboursés en faveur de 1860.

On voit donc que le Livre de Caisse, avec sa division des dépenses, offre trois avantages :

Le 1er, de connaître, comme tous les livres de cette nature, les Recettes et les Dépenses;

Le 2e, d'indiquer le chiffre total des sommes qui doivent entrer dans chaque mois au Journal; ce qui sert de contrôle, comme on le voit, par la comparaison faite plus haut;

Le 3e, de faire savoir qu'elles sont les sommes qu'une année postérieure prête à une année antérieure pour compléter le coût de quelques actes. Il importe essentiellement de connaître ce chiffre pour le rétablissement des choses dans leur véritable situation, afin de pouvoir faire le solde général des comptes.

Si l'on ne tient pas au contrôle qui résulte du 2e des avantages qu'on vient d'indiquer, on peut supprimer au Livre de Caisse toutes les colonnes servant à la division de la dépense, en conservant seulement une petite colonne dans laquelle on fera ressortir les sommes qu'une année avance à une autre. — Cela suffira pour faire la balance générale, et si l'encaisse du Journal est égal à celui du Livre de Caisse, comme cela doit être, on pourra être convaincu que toutes les opérations sont justes.

Articles du Journal avec leur renvoi à la Théorie.

Numéros du Journal					
1	Sur les comptes de Caisse.		V. n° 2	de la Théorie.
Id.	id.	de Timbre.	Id. 3	id.
2	id.	de Martin.	Id. 5	id.
3	id.	d'Isambert.	Id. 5	id.
4	id.	de Lherbette.	Id. 5	id.
Id.	id.	d'Enregistrement.	Id. 4	id.
5	id.	de Malot.	Id. 5	id.
6	id.	Millé.	Id. 5	id.
7	id.	Desmoutier.	Id. 5	id.
8	id.	Dulimon.	Id. 5	id.
9	id.	Caisse.	Id. 6	id.
10	id.	Duvoye.	Id. 5	id.
11	id.	Piquet.	Id. 5	id.
12	id.	Diverton.	Id. 5	id.
13	id.	Dubois.	Id. 5	id.
14	id.	Frais généraux.	Id. 8	id.
15	id.	Dulimon et Malot.		

— On a vu sous le n° 5 que Malot était débité de 78 fr. 40 c.— Par suite de convention entre lui et Dulimon, ce dernier prend à sa charge le paiement de cette somme.— Le Notaire accepte le nouveau débiteur, et, comme conséquence, il décharge le compte de Malot de cette somme de 78 fr. 40 c. pour la reporter au compte de Dulimon. Le n° 15 donne la formule de cette opération.— C'est ce qu'on appelle un *virement* qui est d'un fréquent usage en comptabilité.

Numéros du Journal				
16	Sur le compte de Cames.		V. n° 3	de la Théorie.

On remarquera aussi à ce numéro le compte du Commissaire priseur porté folio 3 du Grand-Livre, à la différence que ce compte est *créditeur* comme celui de T. E. H., tandis que celui de Cames est *débiteur*.

17	Sur le compte de Coquard.		V. n° 5	de la Théorie.
18	id.	de Martin.	Id. 5	id.
19	Id.	de Lalande.	Id. 5	id.

Avec cette remarque que les honoraires du testament ne sont pas portés. Ordinairement ce n'est qu'au décès du testateur que l'on perçoit ces honoraires eu égard à l'importance de la succession.

Id.	Sur le compte de Tétard.		V. n° 5	de la Théorie.
20	id.	de Caisse.	Id. 6	id.
Id.	id.	Frais généraux.	Id. 8	id.
21	id.	Boulnois.	Id. 5	id.
22	id.	Gaudichon.	Id. 5	id.
23	id.	id.	Id. 5	id.
Id.	id.	Enregistrement.	Id. 4	id.
24	id.	Caisse.	Id. 6	id.
25	id.	Frais généraux.	Id. 8	id.
26	id.	Hardy.	Id. 5	id.
27	id.	Adige.	Id. 5	id.
28	id.	Panier.	Id. 5	id.
29	id.	Enregistrement.	Id. 4	id.
Id.	id.	Timbre.	Id. 3	id.

Numéros du Journal

30 Sur le compte des Frais généraux. V. n° 8 de la Théorie.
Id. id. Caisse. Id. 6 id.
31 id. Chapelain. Id. 5 id.
32 id. Renard. Id. 5 id.
33 id. Dulimon. Id. 5 id.
34 id. d'Enregistrement. Id. 4 id.
Id. id. Caisse. Id. 6 id.
35 id. Frais généraux. Id. 8 id.
36 id. Gateau. Id. 5 id.
37 id. Baudoux. Id. 5 id.
38 id. Duchemin. Id. 5 id.
Id. id. Enregistrement. Id. 4 id.
39 id. Laccueil. Id. 5 id.
Id. id. Id. avec Vic.

Nota. — On voit que Laccueil doit à Vic 50 fr. Laccueil en est *débité* et Vic en est *crédité*. Ce compte ne touche en rien aux comptes propres de l'Étude, c'est-à-dire qu'il n'en résulte ni actif ni passif pour elle. C'est pourquoi la somme figure au journal au *Débit* et au *Crédit* du compte *Divers*. Il est essentiel de passer ainsi les écritures pour tous les correspondants du Notaire; de cette manière on trouve tous les comptes des Avoués, Huissiers, Commissaires priseurs, etc., etc., faits au fur et à mesure que les affaires des clients se terminent.

40 Sur le compte des Frais généraux. V. n° 8 de la Théorie.
Id. id. Caisse. Id. 6 id.
41 id. Navier. Id. 5 id.
42 id. Plique. Id. 5 id.
43 id. Caisse. Id. 6 id.
44 id. Enregistrement. Id. 4 id.
Id. id. Vic. — On a vu au n° 39 que *Vic* était crédité par Laccueil de 50 fr. Il reçoit cette somme de la Caisse et par application du n° 1er de la Théorie, il devient débiteur envers ce dernier compte, ce qui établit la balance.

45 Sur le compte de Frais généraux. V. n° 8 de la Théorie.
46 id. Vassor. Id. 5 id.
47 id. Marsaux. Id. 5 id.
48 id. Marsaux et Vassor.

Au n° 46, on voit que Vassor doit à l'Étude 137 fr. 25. Marsaux, son adjudicataire, est tenu de les payer en son acquit; il s'opère un virement qui fait l'objet du n° 48. V. n° 15 ci-dessus.

49 Sur le compte d'Enregistrement. V. n° 4 de la Théorie.
50 id. Frais généraux. Id. 8 id.
Id. id. Caisse. Id. 6 id.
51 id. Luchon. Id. 5 id.
52 id. Flandrin. Id. 5 id.

On remarque que les honoraires du Notaire en second sont portés pour mémoire au crédit quoiqu'il figure pour 45 fr. au débit. Pour tous les Notaires parmi lesquels l'usage des honoraires en second est établi, il convient de procéder comme je le fais. — On ouvre sur un registre accessoire un compte au notaire avec lequel on est en rapport; au *débit* on porte tout ce qu'il doit à l'Étude, — et au *crédit* tout ce que l'Étude lui doit, en indiquant le n° du Journal où figurent ces actes avec leurs dates, mais seulement pour mémoire. Quand on fait un règlement d'honoraires en second, on porte alors en bloc sur le Journal tout ce que l'on a reçu comme tout ce que l'on a payé; et pour bien connaître l'importance de ces honoraires, on établit au Grand-Livre un compte intitulé *Honoraires en second* qui fonctionne comme les comptes ordinaires des débiteurs. La différence de ce compte s'ajoute à la fin de l'année aux honoraires quand il y a excédant, et aux *Profits et Pertes* qu'il y a déficit.

53 Sur le compte d'Enregistrement. V. n° 4 de la Théorie.
Id. id. Lalonde. Id. 5 id.
54 id. Durand. Id. 5 id.
Id. id. Caisse. Id. 6 id.
55 Id. Frais généraux. Id. 8 id.
Id. id. Timbre. Id. 3 id.
56 id. Lépine. Id. 5 id.
57 Id. Lafille. Id. 5 id.

On remarquera un virement pour 35 fr. 50 c. semblable à celui du n° 48.

58 Sur le compte Durand. V. n° 5 de la Théorie.
Id. id. Lalonde. Id. 5 id.
seulement en ce qui concerne les honoraires.

59 Sur le compte d'Enregistrement. Voir 4 de la Théorie.
Id. id. Breugnon. Id. 1 id.
(Même observation qu'au compte de Vic, n° 44).

60 Sur le compte de Frais généraux. V. n° 8 de la Théorie.
Id. id. Caisse. Id. 6 id.
61 id. Bouttefol. Id. 5 id.

Avec cette remarque que dans les 219 fr. 25 c. d'honoraires sont compris les 7 fr. 25 pour l'extrait à signifier. Il est supposé que cet extrait est une note bien libellée pour la signification, et qu'il est alloué 7 fr. 25 pour ce travail. Ceci est dit comme explication des honoraires dans l'espèce et non comme règle.

62 Sur le compte de Caisse. V. n° 5 de la Théorie.
63 Id. Thinot. Id. 5 id.

Au n° 63 on remarquera que Thinot, vendeur, a imposé à ses acquéreurs de payer *tant* pour cent pour tous frais. Dans ce cas, on fait figurer à son compte le montant de tous les frais et honoraires dont il devient débiteur envers l'Étude, mais il s'en trouve couvert par ses acquéreurs comme on va le voir sous le n° suivant.

64 Sur le compte de Grégoire et Boivin, qui sont les acquéreurs de Thinot; — il s'opère un virement au profit de celui-ci d'après le principe énoncé n° 15.

65 Sur le compte de Frais généraux. V. n° 8 de la Théorie.
Id. id. Enregistrement. Id. 4 id.
66 id. Duguet. Id. 5 id.
67 id. Plique. Id. 5 id.
68 id. Caisse. Id. 6 id.
69 id. Profits et Pertes. Id. 6 id.
Id. id. Enregistrement. Id. 7 id.
70 id. Frais généraux. Id. 8 id.

GRAND-LIVRE.

Le Journal embrasse toutes les opérations de l'Étude telles qu'elles se présentent : actes, recettes, dépenses, etc. Le Grand-Livre a pour objet de les classer ; il est donc l'établissement des comptes particuliers des clients. — Il suffit de l'ouvrir pour connaître instantanément l'actif et le passif de chacun d'eux et être à même de régler tout compte d'une manière sûre, sans hésitation et sans perdre de temps. — Son utilité est tellement évidente qu'il semble inutile d'en parler.

Les comptes de chacun sont à cheval sur le Débit et le Crédit, comme on le voit à la page 5 du Grand-Livre; si l'on a procédé autrement pour les quatre premières pages, c'est par mesure d'économie; d'ailleurs, tels qu'ils sont, ils suffisent à la démonstration.

DÉBIT. **CRÉDIT.**

Folio 1er du Grand-Livre.

ANNÉES. MOIS.	DATES.	NUMÉROS du Journal.	CAUSES DU DÉBIT.	SOMMES.	ANNÉES. MOIS.	DATES.	NUMÉROS du Journal.	CAUSES DU CRÉDIT.	SOMMES.
			CAISSE						
1860, toute l'année.		70	A Capital et autres. . .	48,463 07	1860, toute l'année.	»	70	Par Divers.	41,867 60
Id. . . .		71	A Divers.	25 »	Id.	»	71	Par Balance de Sortie .	6,620 47
1861. . . .		72	A Balance d'Entrée. . .	48,488 07					48,488 07
				6,620 47	1861 . . .		72	Par Divers.	25 »
			CAPITAL		1860, janvier	2	1	Par Caisse.	1,000 »
1860 . . .		71	A Balance de Sortie. .	5,177 86	» décemb.	»	71	Par Profits et Pertes. .	4,177 86
									5,177 86
					1861 . . .		72	Par Balance d'Entrée. .	5,177 86
			TIMBRE		1860. . .		70	Par Divers.	399 75
1860, toute l'année.		70	A Caisse	410 »			71	Par Balance de Sortie .	10 25
1861 . . .		72	A Balance d'Entrée. .	10 25					410 »
			MARTIN (Jacques),		1860, janvier	4	9	Par Caisse à valoir . . .	30 »
1860, janvier	3	2	Mariage avec Dlle Allaume.	56 20	» février	1	20	Par Caisse, solde. . . .	26 20
									56 20
			ISAMBERT (Jean),		1860, février	1	20	Par Caisse	39 75
1860, janvier	3	3	Déclaration.	39 75					
			LHERBETTE (Henri-Roch).		1860, février	2	20	Par Caisse	207 73
1860, janvier	4	4	Vente par Grégoire. . .	207 73					
			ENREGISTREMENT		1860 . . .		70	Par Divers.	36,524 60
1860, toute l'année.		70	A Caisse	36,524 60					
			MALOT (Ferdinand),				15	Par Dulimon, f° 3 . . .	78 40
1860, janvier	6	5	Quittance de Devillers. .	78 40					
			MILLÉ (Louis),		1860 février	12	20	Par Caisse.	216 90
1860, janvier	8	6	Mariage avec Dlle Josset.	216 90					
			DESMOUTIER (Jules),		1860, janvier	15	9	Par Caisse	127 15
1860, janvier	10	7	Transport Luc.	127 15					
			DULIMON (Joseph),						
1860, janvier	15	8	Société avec Labruyère. .	186 75					
» mai	25	15	A Malot, virement du n° 5.	78 40					
		33	Dépôt des pièces de publicat.	12 80					
			DUVOYE (Antoine),		1860, mars	10	24	Par Caise.	12 35
1860, janvier	18	10	Main-levée Philippe. . .	12 35					
			PIQUET (Jean),		1860, avril	18	30	Par Caisse	99 90
1860, janvier	30	11	Quittance Cartier. . . .	99 90					

DÉBIT. **CRÉDIT.**

Folio 2 du Grand-Livre.

ANNÉES. MOIS.	DATES.	NUMÉROS du Journal.	CAUSES DU DÉBIT.	SOMMES.	ANNÉES. MOIS.	DATES.	NUMÉROS du Journal.	CAUSES DU CRÉDIT.	SOMMES.
1860, janvier	30	70	DIVERTON (Ambroise), Renouv. d'inscription Nicolas	37 70	1860, avril	18	30	Par Caisse	37 70
1860, janvier	31	13	DUBOIS (Roch), Quittance Barbillon . . .	115 50	1860, avril » »	18 »	30 69	Par Caisse. . . . . . . Par Profits et Pertes. . .	100 » 15 50
1860, toute l'année.		70	FRAIS GÉNÉRAUX A Caisse	4,172 »	1860, toute l'année.		71	Par Profits et Pertes. .	4,172 »
1860, février	5	16	CAMES (Julien), succession. Inventaire	161 40	1860, avril	18	30	Par Caisse	161 40
1860, février	10	17	COQUART Enchère	79 »					
1860, février	15	18	MARTIN (Henri), Procuration	15 »	1860, mai	4	34	Par Caisse	15 »
1860, février » sept. » octobre	20	19 53 58	LALONDE (Jean), Son testament. . . . . . Enregistrement et expédit. Honoraires de testament.	19 25 12 75 100 »	1860, décemb.	1er	68	Par Caisse..	132 »
1860, février		19	TÉTART (Alexis), Expédition de quittance.	7 25	1860, mars	14	24	Par Caisse	7 25
1860, mars	1er	21	BOULNOIS (Pierre), Vente par Camille. . . .	12,344 04	1860, mars » mai	9 4	24 34 69	Par Caisse . . . . Id. . . . . Par Profits et Pertes . .	12,000 » 340 » 4 04
1860, mars » »	20 30	22 23	GAUDICHON (Jean), Liquidation. . . . . . . Certificat de propriété. .	2,060 75 32 90 2,093 65	1860, mars » mai	9 15	24 34 69	Par Caisse. . . . . . . Id. . . . . Par Profits et Pertes. . .	2,000 » 80 » 13 65 2,093 65
1860, avril	1er	26	HARDY (Joseph), Échange Robert	743 75	1860, mai	15	34 69	Par Caisse . . . . Par Profits et Pertes . .	740 » 3 75
1860, avril » » » »	5 5 5	27 27 27	ADIGE (Roch), Ouverture de liquidation. État liquidatif. . . . . . Approbation	189 75	1860, juin	1er	40	Par Caisse à valoir . . .	100 »
1860, avril	20	28	PANIER (Théodore), Donations entre époux. .	30 »	1860, juin	15	40	Par Caisse.	30 »

DÉBIT. **CRÉDIT.**

Folio 3 du Grand-Livre.

ANNÉES. MOIS.	DATES.	NUMÉROS du Journal.	CAUSE DU DÉBIT.	SOMMES.	ANNÉES. MOIS.	DATES.	NUMÉROS du Journal.	CAUSE DU CRÉDIT.	SOMMES.
1860, juin.	1er	36	GATEAU (Léon), Obligation à Grangé . . .	146 45	1860, août.	5	50	Par Caisse.	146 45
1860, juin.	20	39 id.	LACCUEIL (Henri), Dépôt de son testament . . Frais d'envoi en possession	54 55 50 »	1860, août.	15	50	Par Caisse.	104 55
1860, juillet.	25	44	VIC, avoué, A Caisse : payé nº 39 . .	50 »	1860, juin.		39	Par Laccueil.	50 »
1860, juillet.	1er	41	NAVIER (Philippe), Reconnaissance d'enfant. .	35 45	1860, sept.	1er	54	Par Caisse.	35 45
1860, sept.	1er	51	LUCHON (Victor), Inventaire après séparation de corps.	398 35	1860, sept.	1er	54	Par Caisse.	398 35
			PÉRICHON, avoué.		1860, déc.	1er	66	Par Duguet, fº 4.	3,177 50
1860, octob.	8	59	BREUGNON, comm.-pris. A Caisse	24 »	1860, février. Id. sept. Id. nov.	4 12 3	16 52 62	Par Cames, fº 3 . . . . . Par Flandrin, fº 3. . . . Par Borniche, fº 4. . . .	12 » 12 » 6 »
1860, juin.	1er	37	BAUDOUX. Bail par Lucas	60 »	1860, août.	5	50	Par Caisse.	60 »
1860, juin.	15	38	DUCHEMIN. Résiliation de bail Despierres	31 10	1860, août.	15	50	Par Caisse.	31 10
1860, juillet. Id. déc.	3 3	42 67	PLIQUE. Procuration . . . . Décharge..	7 » 7 »	1860, déc.	10	68	Par Caisse.	14 »
1860, août.	1er	46	VASSOR. Enchère.	137 25	1860, août.		48	Par Marsaux.	137 25
1860, août.	15	47 48	MARSAUX. Adjudication Vassor, nº 46. Frais préliminaires.	432 50 137 25					
1860, sept.	12	52	FLANDRIN, Inventaire.	248 35	1860, octobre	1er	60	Par Caisse.	255 60

DÉBIT. **CRÉDIT.**

Folio 4 du Grand-Livre.

ANNÉES. MOIS.	DATES.	NUMÉROS du Journal.	CAUSE DU DÉBIT.	SOMMES.	ANNÉES. MOIS.	DATES.	NUMÉROS du Journal.	CAUSE DU CRÉDIT.	SOMMES.
			DURAND,		1860, octob.	8	60	Par Caisse.	63 60
1860, sept.	5	54	Compte de tutelle	44 45					
» octob.	25	58	Arrêté id.	19 15					
			LEPINE,		1860, décemb.	»	57	Par Lafille.	35 60
1860, octobre	1er	56	Cahier de charges.	35 60					
			LAFILLE,						
1860, octobre	15	57	Adjudication Lépine . . .	205 79	1860, octobre	8	60	Par Caisse.	35 60
		id.	Frais préliminaires. . . .	35 60	1860, décemb	5	68	Par Caisse.	205 79
				241 39					241 39
			BOUTTEFOL,		1860, décem.	10	68	Par Caisse.	465 80
1860, novemb	1er	61	Transport Fouinat. . . .	465 80					
			BORNICHE,						
1860, novemb	3	62	Inventaire.	103 20					
			THINOT,		1860, novemb		64	Par Grégoire, n° 64. . .	406 99
1860, novemb	25	63	Cahier des charges. . . .	813 98			64	Par Boivin.	406 99
			GRÉGOIRE,		1860, décemb	10	68	Par Caisse.	406 80
1860, novemb	30	64	Adjudication Thinot, n° 63.	406 99					
			BOIVIN,						
1860, novemb	30	64	Adjudication Thinot, n° 63.	406 99					
			DUGUET,		1860, déc.	5	68	Par Caisse.	28,000 »
1860, déc.	1er	66	Adjudication Adam. . . .	28,272 08					
			PROFITS ET PERTES.		1860		71	Par Honoraires	8,386 80
1860, déc.		69	A Divers.	36 94					
		71	A Frais généraux.	4,172 »					
		Id.	A Capital.	4,177 86					
				8,386 80					
			CHAPELAIN,		1860, juillet.	12	43	Par Caisse.	234 50
1860, mai.	1er	31	Quittance Favart.	234 50					
			RENARD,		1860, juillet.	12	43	Par Caisse.	504 15
1860, mai.	10	32	Prorogation Félix. . . .	504 15					
			MARX, comm^{re}-priseur. .		1860, sept.	1er	51	Par Luchon, f° 3.	36 »

DÉBIT. **CRÉDIT.**

HONORAIRES.

Folio 5 du Grand-Livre.

1860, toute l'année.	»	71	A Profits et Pertes . . .	8,386 80	1860, toute l'année.	»	70	Par Divers	8,386 80

DIVERS.

1860.	»	71	A Balance de Sortie. . .	1,452 86	1860.	»	71	Par Caisse	25 »
»	»	72	A Caisse	25 »	»	»	72	Par Balance d'Entrée . .	1,452 86
				1,477 86					1,477 86

BALANCE DE SORTIE.

1860.	»	71	A Caisse	6,620 47	1860.	»	71	Par Divers	1,452 86
»	»	Id.	A Timbre.	10 25	»	»	Id.	Par Capital	5,177 86
				6,630 72					6,630 72

BALANCE D'ENTRÉE.

1861.	»	72	A Divers	1,452 86		»	72	Par Caisse.	6,620 47
»	»	72	A Capital	5,177 86		»	72	Par Timbre.	10 25
				6,630 72					6,630 72

RELEVÉ DU GRAND-LIVRE A LA FIN DE L'ANNÉE 1860.

Folios du G^d-Livre.		Débits.		Crédits.		Excédants des débits.		Excédants des crédits.	
2	Adige	189	75	100	»	89	75	»	»
3	Baudoux	60	»	60	»	»	»	»	»
4	Boivin	406	99	»	»	406	99	»	»
4	Borniche	103	20	»	»	103	20	»	»
2	Boulnois	12,344	04	12,344	04	»	»	»	»
4	Bouttefol	465	80	465	80	»	»	»	»
3	Breugnon	24	»	30	»	»	»	6	»
1	Caisse	48,488	07	41,867	60	6,620	47	»	»
2	Cames	161	40	161	40	»	»	»	»
1	Capital	»	»	1,000	»	»	»	1,000	»
4	Chapelain	234	50	234	50	»	»	»	»
2	Coquart	79	»	»	»	79	»	»	»
1	Desmoutier	127	15	127	15	»	»	»	»
2	Diverton	37	70	37	70	»	»	»	»
2	Dubois	115	50	115	50	»	»	»	»
3	Duchemin	31	10	31	10	»	»	»	»
4	Duguet	28,272	08	28,000	»	272	08	»	»
1	Dulimon	277	95	»	»	277	95	»	»
4	Durand	63	60	63	60	»	»	»	»
1	Duvoye	12	35	12	35	»	»	»	»
1	Enregistrement	36,524	60	36,524	60	»	»	»	»
3	Flandrin	248	35	255	60	»	»	7	25
2	Frais généraux	4,172	»	»	»	4,172	»	»	»
3	Gateau	146	45	146	45	»	»	»	»
2	Gaudichon	2,093	65	2,093	65	»	»	»	»
4	Grégoire	406	99	406	80	»	19	»	»
2	Hardy	743	75	743	75	»	»	»	»
5	Honoraires	»	»	8,386	80	»	»	8,386	80
1	Isambert	39	75	39	75	»	»	»	»
3	Laccueil	104	55	104	55	»	»	»	»
4	Lafille	241	39	241	39	»	»	»	»
2	Lalonde	132	»	132	»	»	»	»	»
4	Lépine	35	60	35	60	»	»	»	»
1	Lherbette	207	75	207	75	»	»	»	»
3	Luchon	398	35	398	35	»	»	»	»
1	Malot	78	40	78	40	»	»	»	»
3	Marsaux	569	75	»	»	569	75	»	»
1	Martin (Jacques)	56	20	56	20	»	»	»	»
2	Martin (Henri)	13	»	13	»	»	»	»	»
4	Marx	»	»	36	»	»	»	36	»
1	Millé	216	90	216	90	»	»	»	»
3	Navier	35	45	35	45	»	»	»	»
2	Panier	30	»	30	»	»	»	»	»
3	Perichon	»	»	3,177	50	»	»	3,177	50
1	Piquet	99	90	99	90	»	»	»	»
3	Plique	14	»	14	»	»	»	»	»
	A reporter	138,102	92	138,125	11	12,591	36	12,613	55

Suite du Relevé du Grand-Livre à la fin de l'année 1860.

Folios du Gd-Livre.		Débits.		Crédits.		Excédants des débits.		Excédants des crédits.	
	Report. . . .	138,102	92	138,125	11	12,591	36	12,613	55
4	Profits et Pertes	36	94	»	»	36	94	»	»
4	Renard.	504	15	504	15	»	»	»	»
2	Tétart	7	25	7	25	»	»	»	»
4	Thinot.	813	98	813	98	»	»	»	»
1	Timbre.	410	»	399	75	10	25	»	»
3	Vassor	137	25	137	25	»	»	»	»
3	Vic.	50	»	50	»	»	»	»	»
		140,062	49	140,037	49	12,638	55	12,613	55
5	Divers (n° 71).	»	»	25	»	»	»	25	»
	Sommes égales aux additions du Journal	140,062	49	140,062	49	12,638	55	12,638	55

Les débits, qui sont de 140,062 fr. 49 c., ne devraient s'élever qu'à 140,037 fr. 49 c., car les causes des débets de 1860 ne comportent que cette dernière somme; mais on sait qu'ils ont été augmentés de 25 fr. par l'année 1861 au moyen de l'emprunt que cette année a fait à 1860. (Voir N° 57 du Journal.) — Cette année restituant les 25 fr. à 1861 sous la rubrique *Divers*, le crédit de ce compte a été augmenté d'autant puisqu'il se libère (N° 1er de la Théorie).

Ce qui rétablit la balance et donne la situation exacte comme cela a déjà été démontré.

Le relevé du Grand-Livre a cela de bon qu'il fait acquérir la certitude que tous les articles du Journal ont été exactement reportés au Grand-Livre; mais il est rare que l'on trouve d'erreurs de cette nature; car, dans la pratique, on a si fréquemment besoin de consulter et son Journal et son Grand-Livre, qu'on n'oublie presque jamais de reporter tous les articles; en tout cas, on s'en aperçoit vite et l'on rectifie.

Au Grand-Livre figurent les comptes de *Balance de sortie*, de *Balance d'entrée* et du *Compte Divers*. f° 5, dont il n'est pas question dans le relevé qui précède. Les chiffres qui composent ces comptes n'ont pas d'autre raison que celle de donner la preuve du résultat final de l'année; cette preuve acquise, ils n'ont plus d'intérêt, leur rôle est épuisé. C'est avec les chiffres exprimant ce résultat que l'on commence l'année suivante.

On a remarqué que les colonnes pour les excédants des *Débits* et des *Crédits* faisaient voir d'un coup d'œil les comptes qui restaient *Débiteurs ou Créditeurs*, tout en donnant par leur balance la preuve de la justesse des opérations.

TABLEAUX POUR LE CALCUL

DU TIMBRE ET DES ROLES.

TABLEAUX POUR LE CALCUL

Les 3 premiers tableaux donnent le prix du Timbre à 0,35 c., à 0,70 c. et à 1 fr. 25 c., depuis une feuille jusqu'à 99.

Les trois autres donnent le prix du Timbre avec les émoluments des rôles pour les 3 classes des Notaires.

On se sert de ces tableaux comme de la table de Pythagore, mais on ne multiplie pas; pour avoir le nombre que l'on désire, on lie un chiffre pris dans la première colonne verticale avec un autre chiffre de la première colonne horizontale; et à l'angle des colonnes de ces chiffres, on trouve la somme demandée.

Tableau n° 1er pour le Timbre à 35 centimes.

»	0	1	2	3	4	5	6	7	8	9
0	» »	0 35	0 70	1 05	1 40	1 75	2 10	2 45	2 80	3 15
1	3 50	3 85	4 20	4 55	4 90	5 25	5 60	5 95	6 30	6 65
2	7 »	7 35	7 70	8 05	8 40	8 75	9 10	9 45	9 80	10 15
3	10 50	10 85	11 20	11 55	11 90	12 25	12 60	12 95	13 30	13 65
4	14 »	14 35	14 70	15 05	15 40	15 75	16 10	16 45	16 80	17 15
5	17 50	17 85	18 20	18 55	18 90	19 25	19 60	19 95	20 30	20 65
6	21 »	21 35	21 70	22 05	22 40	22 75	23 10	23 45	23 80	24 15
7	24 50	24 85	25 20	25 55	25 90	26 25	26 60	26 95	27 30	27 65
8	28 »	28 35	28 70	29 05	29 40	29 75	30 10	30 45	30 80	31 15
9	31 50	31 85	32 20	32 55	32 90	33 25	33 60	33 95	34 35	34 65

Tableau n° 2 pour le Timbre à 70 centimes.

»	0	1	2	3	4	5	6	7	8	9
0	» »	0 70	1 40	2 10	2 80	3 50	4 20	4 90	5 60	6 30
1	7 »	7 70	8 40	9 10	9 80	10 50	11 20	11 90	12 60	13 30
2	14 »	14 70	15 40	16 10	16 80	17 50	18 20	18 90	19 60	20 30
3	21 »	21 70	22 40	23 10	23 80	24 50	25 20	25 90	26 60	27 30
4	28 »	28 70	29 40	30 10	30 80	31 50	32 20	32 90	33 60	34 30
5	35 »	35 70	36 40	37 10	37 80	38 50	39 20	39 90	40 60	41 30
6	42 »	42 70	43 40	44 10	44 80	45 50	46 20	46 90	47 60	48 30
7	49 »	49 70	50 40	51 10	51 80	52 50	53 20	53 90	54 60	55 30
8	56 »	56 70	57 40	58 10	58 80	59 50	60 20	60 90	61 60	62 30
9	63 »	63 70	64 40	65 10	65 80	66 50	67 20	67 90	68 60	69 30

Tableau n° 3 pour le Timbre à 1 fr. 25 c.

»	0	1	2	3	4	5	6	7	8	9
0	» »	1 25	2 50	3 75	5 »	6 25	7 50	8 75	10 »	11 25
1	12 50	13 75	15 »	16 25	17 50	18 75	20 »	21 25	22 50	23 75
2	25 »	26 25	27 50	28 75	30 »	31 25	32 50	33 75	35 »	36 25
3	37 50	38 75	40 »	41 25	42 50	43 75	45 »	46 25	47 50	48 75
4	50 »	51 25	52 50	53 75	55 »	56 25	57 50	58 75	60 »	61 25
5	62 50	63 75	65 »	66 25	67 50	68 75	70 »	71 25	72 50	73 75
6	75 »	76 25	77 50	78 75	80 »	81 25	82 50	83 75	85 »	86 25
7	87 50	88 75	90 »	91 25	92 50	93 75	95 »	96 25	97 50	98 75
8	100 »	101 25	102 50	103 75	105 »	106 25	107 50	108 75	110 »	111 25
9	112 50	113 75	115 »	116 25	117 50	118 75	120 »	121 25	122 50	123 75

Exemple : Combien valent 50 feuilles à 0,35 c. ?

On prend le chiffre 5 dans la colonne verticale et 0 dans la colonne horizontale, et on trouve à l'angle des colonnes de ces chiffres : 17 fr. 50 c.

Veut-on avoir le prix de 25 feuilles à 1 fr. 25 c. ?

On prend, dans le tableau n° 3, le chiffre 2 à la colonne verticale et le chiffre 5 à la colonne horizontale, et sous ce n° 5, en face le n° 2, on trouve : 31 fr. 25 c.

Tableau n° 4 pour les Rôles à 1 fr. 50 c., compris le Timbre.

»	0	1	2	3	4	5	6	7	8	9
0	» »	2 75	4 25	7 »	8 50	11 25	12 75	15 50	17 »	19 75
1	21 25	24 »	25 50	28 25	29 75	32 50	34 »	36 75	38 25	41 »
2	42 50	45 25	46 75	49 50	51 »	53 75	55 25	58 »	59 50	62 25
3	63 75	66 50	68 »	70 75	72 25	75 »	76 50	79 25	80 75	83 50
4	85 »	87 75	89 25	92 »	93 50	96 25	97 75	100 50	102 »	104 75
5	106 25	109 »	110 50	113 25	114 75	117 50	119 »	121 75	123 25	126 »
6	127 50	130 25	131 75	134 50	136 »	138 75	140 25	143 »	144 50	147 25
7	148 75	151 50	153 »	155 75	157 25	160 »	161 50	164 25	165 75	168 50
8	170 »	172 75	174 25	177 »	178 50	181 25	182 75	185 50	187 »	189 75
9	191 25	194 »	195 50	198 25	199 75	202 50	204 »	206 75	208 25	211 »

Tableau n° 5 pour les Rôles à 2 fr., compris le Timbre.

«	0	1	2	3	4	5	6	7	8	9
0	» »	3 25	5 25	8 50	10 50	13 75	15 75	19 »	21 »	24 25
1	26 25	29 50	31 50	34 75	36 75	40 »	42 »	45 25	47 25	50 50
2	52 50	55 75	57 75	61 »	63 »	66 25	68 25	71 50	73 50	76 75
3	78 75	82 »	84 »	87 25	89 25	92 50	94 50	97 75	99 75	103 »
4	105 »	108 25	110 25	113 50	115 50	118 75	120 75	124 »	126 »	129 25
5	131 25	134 50	136 50	139 75	141 75	145 »	147 »	150 25	152 25	155 50
6	157 50	160 75	162 75	166 »	168 »	171 25	173 25	176 50	178 50	181 75
7	183 75	187 »	189 »	192 25	194 25	197 50	199 50	202 75	204 75	208 »
8	210 »	213 25	215 25	218 50	220 50	223 75	225 75	229 »	231 »	234 25
9	236 25	239 50	241 50	244 75	246 75	250 »	252 »	255 25	257 25	260 50

Tableau n° 6 pour les Rôles à 3 fr., compris le Timbre.

»	0	1	2	3	4	5	6	7	8	9
0	» »	4 25	7 25	11 50	14 50	18 75	21 75	26 »	29 »	33 25
1	36 25	40 50	43 50	47 75	50 75	55 »	58 »	62 25	65 25	69 50
2	72 50	76 75	79 75	84 »	87 »	91 25	94 25	98 50	101 50	105 75
3	108 75	113 »	116 »	120 25	123 25	127 50	130 50	134 75	137 75	142 »
4	145 »	149 25	152 25	156 50	159 50	163 75	166 75	171 »	174 »	178 25
5	181 25	185 50	188 50	192 75	195 75	200 »	203 »	207 25	210 25	214 50
6	217 50	221 75	224 75	229 »	232 »	236 25	239 25	243 50	246 50	250 75
7	253 75	258 »	261 »	265 25	268 25	272 50	275 50	279 75	282 75	287 »
8	290 »	294 25	297 25	301 50	304 50	308 75	311 75	316 »	319 »	323 25
9	326 25	330 50	333 50	337 75	340 75	345 »	348 »	352 25	355 25	359 50

ADMINISTRATION D'UNE ÉTUDE DE NOTAIRE.

Tout ce qui précède suffit largement pour la comptabilité de l'Étude : — 1° Le Journal, tel qu'il est disposé, en fait connaître toute l'importance avec les détails et les renseignements désirables ; — 2° Le Grand-Livre, qui contient le relevé des articles contenus au Journal, donne la situation de chaque client; — 3° Les Fiches, servant de table alphabétique du Grand-Livre, donnent l'adresse des clients et tiennent lieu de *livre d'adresses*; — 4° Quant à la caisse, le Livre Brouillon en donne la situation par les additions de chaque page et, d'ailleurs, quand on le désire ; — 5° Pour les honoraires en second, le livre accessoire en fait connaître le débit et le crédit, et en facilite le règlement à tout instant.

Mais il est un autre côté qu'il ne faut pas négliger, c'est celui de l'administration de l'Étude; la comptabilité et l'administration sont deux choses bien différentes, mais qui se lient si intimement qu'on ne peut guère les séparer si l'on veut avoir quelque chose de complet.

J'ai indiqué au commencement de cette Méthode les registres qu'il fallait à un Notaire pour la comptabilité et l'administration de son Étude. On connaît déjà ceux nécessaires à la comptabilité; je vais m'expliquer sur ceux concernant l'administration, en conservant le numéro sous lequel chacun d'eux est désigné.

Comptabilité des Dépôts.

Je commence donc par la comptabilité des dépôts qui n'a que deux livres : Journal et Grand-Livre.

N° 6. — *Journal des Dépôts.* — Les sommes que les Notaires reçoivent à titre de dépôt ne doivent pas entrer dans la caisse de l'Étude : c'est une caisse à part.

Le Notaire doit avoir nécessairement un Journal sur lequel il inscrit jour par jour les sommes qu'on lui dépose et celles qu'il rend. Il est bon que la disposition de ce registre permette aux déposants d'y apposer leur signature lorsqu'ils retirent leurs dépôts; c'est là une décharge qui ne s'égare pas. Quand cela n'est pas possible et qu'il est donné au Notaire des décharges particulières ou contenues dans un acte notarié, le Notaire mentionnera ce fait en passant écriture, afin qu'il soit toujours à même de justifier ses dépenses (Modèle n° 6).

N° 7. — *Grand-Livre des Dépôts.* — Tous les articles du Journal sont reportés sur un Grand-Livre au compte de chacun, et lorsqu'on balance un compte important, il est prudent d'établir la décharge sur ce même Grand-Livre, en faisant approuver le compte. A la fin ou au commencement de ce Grand-Livre, il y a un Répertoire alphabétique (Modèle n° 7).

Comptabilité pour le service des intérêts des capitaux ou des prix d'adjudications.

N° 8. — *Journal des Intérêts.* — Dans les Études où il existe un grand mouvement de fonds, il est nécessaire d'avoir, pour le service des intérêts, une comptabilité spéciale qui consiste, comme celle des dépôts, en un Journal et en un Grand-Livre.

Le Journal contient les recettes et les dépenses (Modèle n° 8).

N° 9. — *Grand-Livre des Intérêts.* — Et le Grand-Livre sur lequel sont reportées les recettes et les dépenses, établit en outre, tout ce qu'un débiteur doit à ses créanciers; c'est le bilan d'un client.

Le Grand-Livre a besoin d'une disposition particulière pour connaître :

1° La date du titre de la créance ;

2° Les noms de tous les créanciers du débiteur ;

3° Les capitaux dus;

4° Leur exigibilité;

5° L'échéance des intérêts avec le mode de leur paiement, par trimestre, par semestre ou par année.

6° Enfin, une marge doit être laissée pour mentionner le sort des capitaux, leur remboursement, leur prorogation, les transports qui en sont faits, etc.

Ce registre est propre non-seulement aux capitaux placés, mais encore aux prix d'adjudications d'immeubles.

Quand les intérêts ou arrérages sont déposés à l'Étude, on n'a pas toujours les quittances des créanciers à donner aux débiteurs. Pour que le service se fasse bien, il est bon que l'Étude délivre une quittance provisoire aux débiteurs. Cette quittance, qui devrait toujours être détachée d'un registre à souche, est échangée ultérieurement, au gré des débiteurs, contre celles des créanciers. Le registre à souche fait savoir qui, dans l'Étude, a touché les intérêts. Cela est souvent utile quand il n'y a pas de caissier dans une Étude ou un clerc chargé spécialement du service des intérêts.

D'ailleurs, pour éviter toute contestation et toute suspicion, il serait à désirer qu'aucune somme n'entrât dans une Étude sans qu'il en fût donné un reçu détaché d'un registre à souche. Les caisses publiques n'agissent pas autrement (Modèle n° 9).

Formalités.

N° 10. — *Registre des formalités.* — Le clerc chargé des formalités fera, sur le registre à ce destiné, tous les deux ou trois jours et même tous les jours, selon l'importance de l'Étude, le relevé des actes inscrits au répertoire susceptibles de formalités. — Pour faciliter les recherches, il suivra le même ordre que le répertoire, mois par mois, c'est-à-dire, que le mois indiqué sur le registre des formalités sera le relevé du même mois des actes portés au répertoire et sur lesquels il y avait des formalités à remplir. Ce registre l'aidera singulièrement à remplir sa mission; il surveillera mieux l'accomplissement des formalités, car en parcourant un mois qui vieillit, ses yeux seront frappés des lacunes qui pourront exister.

Il laissera à la fin de chaque mois quelques cases en blanc. Elles seront utilisées quand le Notaire fera des transports ou tous autres actes contenant subrogation dans le mérite d'inscriptions dont on n'a pas de traces dans l'Étude. Un créancier est-il en 1860 subrogé dans une inscription du mois de janvier 1858, on inscrira au mois de janvier 1858 cette inscription pour qu'elle ne puisse échapper au renouvellement décennal. Dans ce cas, deux opérations sont faites sur le registre des formalités : la 1re, c'est la mention de subrogation au N° du transport, et la 2me, c'est la mention de l'inscription au mois de janvier 1858.

Ce registre ne doit pas dispenser de mentionner sur le Journal d'Étude toutes les formalités accomplies sur un contrat; car, si l'on veut économiser du temps qui serait perdu en recherches pour connaître la situation d'une affaire, il faut bien rassembler sous son numéro tous les renseignements utiles qui la concernent.

La colonne où l'on inscrit les capitaux, facilite le relevé mensuel que l'on peut désirer faire pour connaître les capitaux placés dans le mois, le montant des prix de ventes et celui des quittances (Modèle n° 10).

Carnet d'Enregistrement.

N° 11. — Le carnet d'enregistrement n'a besoin d'aucune explication (Voir son modèle n° 11).

Classement des Pièces.

N° 12. — *Registres des Titres de Propriété.* — Le classement des titres et pièces est une chose bien importante dans une Étude; on en a constamment besoin, et il faut pouvoir les trouver instantanément. Pour cela, il suffit d'adopter un mode de classement et y être fidèle.

Il y a dans une Étude deux sortes de titres : ceux que les clients confient à l'Étude pour la rédaction des contrats et les cotes d'inventaires, — et les expéditions, grosses et extraits de ces contrats, avec les pièces accessoires, telles que celles concernant les formalités hypothécaires, les publications, etc. Parlons d'abord de ces dernières.

On a des chemises *adhoc* pour le classement de ces pièces. Sur ces chemises, on met le nom du client à qui reviennent les pièces avec le folio du Grand-Livre d'Étude où le compte de l'affaire que les pièces concernent est établi. Le dossier se forme au fur et à mesure que les expéditions et les formalités s'accomplissent par le classement journalier qu'on en fait. Ces dossiers sont classés dans des cartons par ordre alphabétique. Quand un client désire ses titres, il suffit de connaître son nom pour lui donner satisfaction immédiatement en lui remettant ses pièces qu'on trouve dans son dossier, et son compte établi au Grand-Livre et dont on a le folio sur la chemise.

Pour une vente, pour un bail, pour tout contrat, en un mot, où il y a une grosse pour l'une des parties et une expédition pour l'autre, on fait deux dossiers; chaque client à qui il revient des pièces devant avoir le sien.

La même chemise sert successivement pour plusieurs clients; il suffit de rayer le nom d'un client qui a retiré ses titres et d'ajouter le nom d'un autre client pour lequel on a des pièces à classer, et ainsi tant que dure la chemise; ce mode de classement ne coûte donc presque rien.

Quant aux titres de propriété et aux cotes d'inventaire, on se sert d'un autre mode de classement. On a des cartons ou des cases numérotées pour recevoir les liasses, et un registre divisé alphabétiquement pour inscrire le numéro du carton où elles sont placées; on écrit le nom du client et, succinctement, la nature des titres et de l'affaire; une marge assez grande est laissée pour indiquer la remise des titres et recevoir la décharge des clients (Modèle n° 12).

Déclarations de Successions.

N° 13. — Le registre destiné à noter les déclarations de successions à faire dans les six mois de leur ouverture, n'est qu'un livre d'ordre (Modèle N° 13).

Certificats de Propriété.

N° 14. — *Registre des Certificats de Propriété.* — Comme le précédent, ce registre n'est qu'un livre d'ordre (Modèle n° 14).

Fiches ou Tables alphabétiques des Créances hypothécaires.

N° 15. — Par le Grand-Livre des intérêts, on voit bien tout ce qu'un client doit, soit pour emprunts, soit pour prix d'adjudications; mais on n'est pas aussi bien renseigné quand on veut savoir la fortune d'un client ou du moins tous les capitaux qu'il a placés dans l'Étude. Le but des fiches est donc de grouper toutes les créances d'un capitaliste, en faisant connaître la date des titres, les noms des débiteurs, l'importance des créances, leur exigibilité, leur prorogation, etc.

Au moyen de ces fiches, le Notaire sait non-seulement l'importance des capitaux placés dans son Étude, mais leur exigibilité, ce qui lui permet d'avertir ses clients débiteurs et créanciers des remboursements à faire en lui facilitant toute combinaison pour de nouveaux placements par la disponibilité de tels ou tels capitaux (Modèle n° 15).

Répertoire ou Table des minutes.

N° 16. — Par le classement dont on vient de parler, on a le moyen de trouver immédiatement toutes les pièces d'un client, il faut qu'il en soit de même pour les minutes. Aussi la plupart des Notaires ont-ils des tables, mais ces tables sont loin d'être uniformes et ne remplissent qu'imparfaitement le but qu'on désire atteindre. Il n'y a qu'une seule et bonne manière de former la table ou le répertoire des minutes, c'est d'inscrire sur des cartes mobiles toutes les minutes concernant un même client; et après un certain laps de temps, soit 5 ans, 10 ans ou un exercice entier, de les copier sur un bon registre fortement relié.

Sur les cartes, il suffit d'énoncer la date de l'acte et sa nature, et faire, pour le même acte, autant de cartes qu'il y a de parties contractantes. Il y a exception à cette règle pour certains actes, comme les inventaires, les contrats de mariage, les actes unilatéraux qui ne figurent les uns qu'aux noms des défunts, des maris, et les autres qu'aux noms des comparants. Le Notaire règle d'ailleurs cela comme il l'entend, l'essentiel c'est qu'on puisse trouver une minute quand on en a besoin.

Si l'on craint la perte de cartes ainsi mobiles, on peut, tout en suivant le même mode, créer un registre divisé alphabétiquement comme un dictionnaire par trois lettres, et faire sur ce registre ce que l'on ferait sur les cartes. Ce moyen évite même la peine de recopier les cartes sur un registre; seulement, avec les cartes, le classement alphabétique est plus rigoureux et mieux fait; mais dans un cas comme dans l'autre le but est atteint : on trouve les minutes.

APERÇU DES DROITS D'ENREGISTREMENT

Au point de vue du Notariat et de la Taxe des Actes.

Les Lois, Décrets, Ordonnances ou Avis du Conseil d'État énoncés dans cet Aperçu sont :

1 Loi du 13 brumaire an VII.
2 Loi du 22 frimaire id.
3 Loi du 21 ventôse id.
4 Décret du 16 février 1807.
5 Avis du Conseil d'État du 22 décembre 1809.
6 Loi du 21 septembre 1810.
7 Loi du 28 avril 1816.
8 Décret du 20 décembre 1821.
9 Loi du 16 juin 1824.
10 Loi du 30 avril 1826.
11 Loi du 8 septembre 1830.
12 Loi du 21 avril 1832.
13 Ordonnance du 12 juillet 1832.
14 Ordonnance du 23 décembre 1832.
15 Loi du 24 mai 1834.
16 Loi du 18 mai 1840.
17 Loi du 25 juin 1841.
18 Décret du 18 septembre 1841.
19 Ordonnance du 19 octobre 1841.
20 Décret du 18 septembre 1847.
21 Décret du 8 mars 1848.
22 Décret du 19 mars 1850.
23 Loi du 18 mai 1850.
24 Loi du 5 juin 1850.
25 Loi du 15 juillet 1850.
26 Loi du 7 août 1850.
27 Loi du 21 septembre 1850.
28 Loi du 10 décembre 1850.
29 Loi du 22 janvier 1851.
30 Loi du 22 février 1851.
31 Loi du 11 juillet 1851.
32 Loi du 4 août 1851.
33 Décret du 26 mars 1852.
34 Loi du 23-26 mars 1855.
35 Loi du 5 mai 1855.
36 Loi du 6 juin 1857.

Nota. 1° A la fin de chaque acte, ces lois ou décrets seront rappelés par le numéro d'ordre qui précède.—Ainsi, L. 6,— veut dire: *Loi du 21 septembre* 1810.

2° La loi du 18 mai 1850 a disposé que le moindre droit fixe pour les actes civils et administratifs était porté à 2 fr. — Pour les droits fixes, on énoncera seulement le droit sans le faire suivre du mot *fixe*, ni d'aucun signe. —Pour les droits proportionnels, le *tant pour cent* sera indiqué par 0/0.

NOMENCLATURE DES ACTES AVEC LEURS DROITS.

Usages des Notaires de sur la taxe des Actes et formalités de leur ministère.

A

Abandonnement — *volontaire* de biens pour être vendus en direction, 5 fr. que le débiteur soit en *faillite* ou *non*; — et la remise qui lui est consentie par ses créanciers de la totalité de leurs créances (l'actif abandonné étant insuffisant) ne constitue pas une disposition indépendante et ne donne pas ouverture au droit de quittance (Cass. 15 avril 1857), L. 2. — Le droit proportionnel devient exigible toutes les fois que les créanciers sont dispensés de faire vendre en direction.

Abandonnement — *Forcé* ou judiciaire, 5 fr.

Id. — pour fait d'assurance, 1 fr. p. 0/0 sur la valeur des objets abandonnés, si l'abandonnement est accepté. L. 7.

Acceptation — pure et simple de succession, 2 fr. pour chaque acceptant et pour chaque succession. L. 23.

Id. — de transport par le débiteur, 2 fr. L. 23.

— — de délégation, 2 fr. pour le créancier qui accepte le nouveau débiteur, indépendamment du même droit pour celui-ci.

Acceptation— de donation.

Acceptilation — 0,50 c. p. 0/0, à moins que ce soit une libéralité et non une libération.

Acquiescement — 2 fr. L. 7.

Acte respectueux — 2 fr. L. 23.

Actions dans les Compagnies. Voir L. 24. — Avoir le soin, lorsqu'on énonce des actions ou obligations de Compagnies, d'indiquer que ces valeurs sont sur timbre proportionnel ou d'abonnement, pour éviter l'amende prononcée par l'art. 49 de cette loi.

Adhésion — à une Société préexistante, 5 fr., quel que soit le nombre des adhésions, à moins qu'il n'ait été stipulé un délai pour les adhésions, auquel cas il est dû 2 fr. par chaque adhérant.

Adhésion — aux assurances mutuelles, 2 fr.

Adjudication — *Volontaire*, elle est passible des droits selon la nature des biens ou objets vendus; quand ce sont des rentes et des créances sur particuliers, le droit est assis sur le *capital réel* et non sur le *prix*. L. 23. (Voir Journal n°s 47, 57, 64, 66.)

Adjudication — *Judiciaire*, elle est passible des droits selon la nature des biens ou objets vendus sur le *prix* de l'adjudication. (Cass. 1er avril 1846), L. 23.

Adjudication — *sur folle enchère* — 3 fr. si le prix n'est pas supérieur à celui de la première adjudication. L. 7. — Dans le cas contraire, le droit est dû sur l'excédant.

Adjudication — *sur surenchère.* — Droit dû sur la différence entre le prix de la deuxième adjudication et celui de la première. On ne doit pas ajouter à la différence les frais d'enregistrement à rembourser au premier acquéreur.

Administration.

Adoption, — 2 fr. L. 2.

Affectation hypothécaire. — Pour une dette civile dont le titre est enregistré, 2 fr. fixe. — Pour une dette commerciale dont le titre est ou non enregistré, 1 fr. p. 0/0, comme emportant novation. — Quand c'est un tiers étranger à la dette qui fournit l'hypothèque, 50 c. p. 0/0 comme cautionnement. L. 23.

Affranchissement des esclaves. — 2 fr. D. 20 et L. 23.

Algérie.—L'ordonnance du 19 octobre 1841 a réduit de moitié la perception des droits fixes et proportionnels, on ne perçoit pas le décime. — Les mutations de biens meubles ou immeubles par décès ne sont soumises à aucun droit.

Amodiation. — Voir Bail.

Antériorité — ou cession d'hypothèque; la créance n'étant pas cédée, 2 fr.

Antichrèse — 2 p. 0/0 L. 2. L'acte, contenant obligation et antichrèse par le débiteur, n'est passible que de 2 p. 0/0; l'antichrèse donnée pour éteindre la créance en principal et intérêts, n'est passible du droit que sur le principal: Délib. du 30 mai 1851.

Apprentissage.— 1 fr., lors même que l'acte contiendrait obligation ou quittance. L. 30.

Arpentage, — 2 fr. L. 7.

Arrêté de Compte. — 2 fr. que le reliquat soit payé au mandant ou par celui-ci au mandataire qui se trouve en avance, pourvu qu'il soit justifié d'un mandat enregistré ou légal. (Cass. du 1er mars 1836). 1 fr. p. 0/0 sur le reliquat non payé entre particuliers tuteurs et pupilles. Remarquez que dans ce dernier cas le droit d'obligation ne serait pas dû si le reliquat se composait de sommes dues par le tuteur en vertu d'actes en forme.— 50 c. p. 0/0 si le reliquat est payé toujours entre particuliers ou créanciers (créanciers et débiteurs). L. 2 et 35.

Assistance judiciaire. — Liquidations de reprises : d'après l'inst. 2062 de la régie, les liquidations de reprises après séparation de biens, doivent être visées pour timbre et enregistrées gratis; mais celles après séparation de corps et de biens ne jouissent pas de cette faveur; elles doivent être faites sur timbre et enregistrées au comptant.

Assurances. — Sociétés d'assurances, 5 fr. D. 8. L. 2.

Id. — Polices d'assurances { mutuelles, 2 fr. / à prime, 1 p. 0/0 sur le montant des primes. / maritimes, 2 fr.— Le droit de 1 fr. p. 0/0 n'est exigible que lorsqu'il en est fait usage en justice. L. 9 et 24. }

Atermoiement — entre créanciers et débiteurs, 50 c. p. 0/0 : le droit est assis sur la somme à payer. L. 2.

Id. — en matière de faillite, 3 fr. L. 15.

Attestation — 2 fr. L. 23.

Autorisation — 2 fr. L. 25, donnée par une ou plusieurs personnes, L. 27 et 22.

Aval. — Exempt d'enregistrement lorsqu'il est donné sur la lettre de change.

Id. — 2 fr. lorsqu'il est donné par acte séparé. L. 2 et 23.

B

Bail à cheptel.— 20 c. 0/0 sur le prix annuel stipulé ou la valeur du bétail à évaluer. L. 9. Si ce bail n'est qu'à moitié, c'est une société, art. 1818 C. N. (Controversé).

Bail — à colonage ou à portion de fruits. L. 2.

Id. — à complant à perpétuité ou à vie, 4 p. 0/0 à durée illimitée, et 20 c. p. 0/0 à durée limitée.

Bail — à culture perpétuelle. — Le droit est le même que pour les ventes immobilières.

Id. — à domaine congéable ou à convenant, 20 c. p. 0/0 sur la partie de l'acte contenant bail, et 5 fr. 50 p. 0/0 sur la vente au colon.

Bail — à durée illimitée, 2 fr. p. 0/0 pour les meubles, et 4 fr. p. 0/0 pour les immeubles, le tout sur un capital formé de 20 fois le loyer ou fermage annuel en y ajoutant les charges. L. 2.

Bail — à ferme ou à loyer à durée limitée, 20 c. p. 0/0 sur le nombre d'années; les baux de 3, 6 ou 9 ans sont considérés comme baux de 9 ans. — Pour les sous-baux, le droit est perçu sur les années restant à courir. — Résolution ou rétrocession, 20 p. 0/0 sur les années restant à courir. — Mais si le bail a été fait, par exemple, pour 3, 6 ou 9 ans, et qu'il soit résilié à la fin de la 1re ou de la 2e période, il n'est dû que le droit fixe ou le droit proportionnel sur les années restant à courir de la période dans laquelle on se trouve. Délib. 4 juin 1828. (V. Journal nos 37 et 38.)

Bail — à nourriture de personnes, 20 p. 0/0 si la durée est limitée; si le bail est à vie, 2 fr. p. 0/0 sur le capital au denier 10 de la somme annuelle à payer. — Si la durée est illimitée, 2 p. 0/0 sur le capital au denier 20 aussi de la somme annuelle à payer.

Bail — à rente perpétuelle. — 2 p. 0/0 sur les meubles si la durée est limitée, et 4 p. 0/0 sur les immeubles en capitalisant par 20.

Bail — à vie, 4 p. 0/0 sur les immeubles en capitalisant au denier 10.

Id. — de carrières, mines, tourbières, 2 p. 0/0 sur une durée limitée, et même droit si la durée est illimitée; ar du moment que la propriété du fonds n'est pas transmise, peu importe que la faculté d'exploitation soit limitée ou qu'elle ait été accordée jusqu'à l'entier épuisement de la mine (Cass. 12 août 1833 — 11 janvier 1844).

Bail — d'octroi, comme les baux à ferme.

Id. — de pâturage, 0 fr. 20 c. p. 0/0. L. 9.

Id. — emphytéotique. — 5 fr. 50 p. 0/0 sur le prix et les charges en capital; on ne doit pas ajouter l'impôt foncier qui tombe de droit à la charge du preneur. — Même droit pour les *cessions* sur le prix et la redevance à payer au propriétaire. Cette redevance doit être capitalisée par 20 s'il reste plus de 20 années à courir; — s'il y a moins de 20 ans, c'est le nombre d'années restant à courir qui sert de base; le plus souvent on n'adopte pas ce mode de liquidation, on exige la déclaration de la valeur du domaine utile transmis qui se trouve représentée par la redevance; cette évaluation se fait en capital.

Bail — de récoltes de coupes de bois, 2 p. 0/0.

Id. — d'arbres liége. — Une solution de la Régie du 11 octobre 1858, considère comme un bail à ferme, passible du droit de 20 c. p. 0/0, l'acte par lequel on cède, pour un nombre d'années déterminé, les écorces d'arbres liége qui se trouvent sur un domaine.

Bail — à l'État. — Les baux d'immeubles dans lequel l'État est preneur et dont le prix est payé avec les fonds du Trésor public, doivent être visés pour timbre et enregistrés gratis. Décis. minist. du 13 août 1829; Inst. gén. 1391.

Bail — de biens à l'étranger, — 10 fr. pour application de la loi du 16 juin 1824, art. 4, Inst. gén. 1136.

Bail d'industrie. — 1 fr. p. 0/0. Cass. 31 juillet 1834. — Si le preneur est tenu d'élever des constructions qui appartiendront au bailleur sans indemnité, c'est une charge. Délib. 14 mars 1834. S'il s'engage à les élever moyennant un prix; c'est un marché.

Les baux de plus de 18 ans devant être transcrits (loi 23 mars 1855), le droit de transcription est-il exigible lors de l'enregistrement ou de la présentation aux hypothèques? Non.

Billet à ordre — ou au porteur, 50 p. 0/0. — Passé devant notaire, il doit être enregistré dans les délais des actes notariés. — Hors ce cas, son enregistrement n'est obligatoire qu'avec le protet; le billet à *ordre* causé pour valeur reçue en *effets mobiliers* ou *valeurs d'immeubles*, n'est passible que de 0,50 p. 0/0. — Sol. des 11 juin 1830 et 14 octobre 1831. — Un notaire peut faire le protet d'une lettre de change ou recevoir un acte contenant affectation hypothécaire en garantie de cette lettre de change, sans la faire enregistrer. Toulouse, 25 mai 1848. Sol. 29 juillet 1830, 19 mars 1832, 22 août 1848. — Les notaires peuvent mentionner dans les actes des billets *à ordre* ou autres *effets négociables* non enregistrés (Sol. 14 mai 1840).

Billet — simple, valant obligation, 1 p. 0/0. L. 35.

Bordereaux (art. 2146. C. N.).

Brevet d'invention. — Cession totale 2 p. 0/0; même droit pour la cession partielle ou du droit d'exploiter le système breveté pendant un temps ou dans une localité, ou de fabriquer des matières d'après le procédé breveté.

C

Cahier des charges. — 2 fr. L. 23. Le cahier des charges rédigé par un notaire et l'acte de dépôt qu'il en dresse peuvent n'être inscrits au répertoire que comme un seul acte. Sol. 11 mai 1859. (V. Journal nos 17, 46, 56, 63.)

Cautionnement. — 50 c. p. 0/0. L. 2. Si le cautionnement est solidaire pour une obligation sans titre 1 p. 0/0; mais le cautionnement non solidaire, dans le même cas, ne doit que 50 c. p. 0/0. Sol. 20 novembre 1848.

S'il y a plusieurs cautions, qu'elles soient solidaires ou non, il n'est dû qu'un seul droit si ces cautionnements sont contenus dans le même acte, et le droit fixe s'ils sont donnés par acte séparé. Sol. 25 mars 1828.

Cautionnement — des adjudications et marchés dont le prix doit être payé par le Trésor public, 2 fr. L. 23.

Id. — des baux, 10 c. p. 0/0. L. 9.

Certificat de propriété. — 2 fr. Les certificats relatifs aux pensions et secours dus par l'État sont exempts. L. 1. (V. Journal, n° 23.)

Certificat — de vie, 1 fr. L. 1er et 23.

Id. — de résidence, 1 fr. id.

Id. — — pour toucher les rentes dues sur l'État, exempt.

Id. — d'imprimeur constatant l'insertion d'une vente judiciaire, 1 fr., d'une vente volontaire, 2 fr. Inst. gén. 1903.

Certificats nominatifs d'actions et d'obligations délivrés par les compagnies exemptes de timbre. Inst. gén. 2107.

Certificat de non transcription, de non résolution. — Salaire du conservateur, 1 fr.

Cession de Créances (V. Transport).

Id. de droits successifs. — (V. Vente et Licitation).

Id. de priorité d'hypothèque faite sans prix, la créance n'étant pas cédée, 2 fr. Inst. 386.

Id. d'intérêts ou de part d'intérêts dans les sociétés, 2 p. 0/0; mais toutes les fois qu'il y eu fractionnement d'un capital réparti en mises minimes pour en faciliter la transmission ou la circulation, le droit de 50 p. 0/0 est seul exigible. — Peu importe que la cession s'opère par la tradition du titre, par une déclaration de transfert sur les registres de la société ou tout autre mode (*Dictionn. Garnier*).

Cession de marchés pour entreprises. — 2 p. 0/0 sur le prix stipulé, sans qu'il y ait lieu d'y ajouter la valeur estimative des travaux restant à exécuter (Cass. 7 juillet 1849); à défaut de stipulation de prix, on fait la déclaration estimative du prix de la cession.

Cession de rentes. — 2 p. 0/0 sur le capital aliéné par l'acte constitutif. L. 1 et 3 fr. 50 p. 0/0 y compris le droit de transcription, lorsque le titre est antérieur à la loi du 11 brumaire an VII, et ce, toutes les fois qu'il n'est pas justifié d'une transcription et d'une purge postérieure à cette loi (Voir Loi 7). — de rentes sur l'État 2 fr. (L. 2). la cession moyennant une somme payable à terme est passible de 1 p. 0/0; la jurisprudence, considère, dans ce cas, l'acte comme présentant les caractères d'un prêt.

Codicille. — 5 fr. comme le testament.

Collocation amiable. — 1 ou 2 p. 0/0, selon la nature des créances admises et ne résultant pas de titres enregistrés. L. 23.

Command. — 3 fr. pourvu que la déclaration soit faite et enregistrée ou notifiée au receveur dans les 24 heures de la date de l'acte de vente; qu'elle ne contienne aucun changement aux conditions et au prix stipulés dans le contrat. — La notification dans les 24 heures supplée à l'enregistrement. — Si celui qui élit command est tenu solidairement avec celui qu'il se substitue, droit de cautionnement. — Si le délai de 24 heures expire un dimanche ou un jour férié, la déclaration peut être faite et enregistrée le lendemain (Cass. 15 novembre 1837, 13 mars 1858.) — Si elle est contenue dans l'acte de vente même, elle doit être enregistrée dans les 24 heures et non dans les 10 au 15 jours (Cass. 11 janvier 1847), la division des biens entre les commands n'altère pas la nature de l'acte. — Un notaire peut, sans contravention, recevoir une déclaration de command avant que l'acte de vente passé devant un autre notaire, ou le jugement d'adjudication, aient été enregistrés (Inst. gén. 1755).

Compromis. — 3 fr. quel que soit le nombre d'arbitres. L. 7.

Compte de tutelle. — Projet de compte, 2 fr.; approbation, 2 fr., et 2 fr. sur l'arrêté si le reliquat est payé; 1 fr. p. 0/0 s'il ne l'est pas et que le tuteur reste débiteur de somme qu'il ne devait pas déjà en vertu de titres enregistrés. L. 23 (Inst. 1528). (V. Journal, n° 58.)

Compulsoire. — 2 fr. L. 7.

Congrégations religieuses. — Déclarations de propriété, 2 fr. (Inst. 1942).

Consentement. — 2 fr.

Constitution de rentes. — 2 fr. p. 0/0 sur le capital aliéné à titre onéreux; et à titre gratuit même droit sur le capital au dernier 10 ou au dernier 20, selon que la rente est ou n'est pas perpétuelle, à moins qu'il ne soit stipulé un capital exigible et remboursable.

Contrat à la grosse. — 50 c. p. 0/0 sur le capital prêté seulement. — L'endos est exempt d'enregistrement. — Fait sous seing privé et contenant des conventions synallagmatiques, il peut être écrit sur timbre de dimension; s'il a le caractère d'acte unilatéral, timbre proportionnel.

Contrat de mariage. — 5 fr. L. 7. Les donations éventuelles entre époux y contenues sont passibles de 5 fr. (Voir tableau au mot Donation). (V. Journal, nos 2 et 6.)

Contrat d'union. — 3 fr.

Copie collationnée. — 2 fr. par chaque acte ou pièce collationnée; la copie collationnée, étant considérée comme un acte, peut être écrite sur timbre de dimension depuis 35 centimes. Il résulte de la disposition de l'art. 68 de la loi du 22 frimaire an VII, que la copie collationnée peut comprendre plusieurs actes sans contravention à la loi sur le timbre. L. 23.

Correspondance.

Crédit foncier. — 2 fr. pour l'acte de prêt conditionnel, et 1 p. 0/0 sur l'acte de réalisation.

Crédit (Ouverture de). — 2 fr., qu'il soit réalisé en espèces ou en marchandises, pourvu qu'il n'y ait pas obligation formelle de la part du crédité d'user du crédit dans un délai déterminé. L. 23.

D

Décharge. — 2 fr., mais on perçoit autant de droits qu'il y a de mandants et de mandataires non co-intéressés ni solidaires. (V. Journal, n° 67.)

Déclaration pure et simple. — 2 fr. (Voir Journal, n° 3.)

Id. de grossesse. — Les déclarations de grossesse devant notaire ne sont pas sujettes à l'enregistrement dans un délai déterminé ; il n'y a que les expéditions qui doivent l'être. — (Décis. minist. du 28 juin 1828).

Id. de remploi. — 2 fr. — En cas de déclaration postérieure à l'acquisition, si c'est le mari qui a acheté l'immeuble en son nom ou au nom de sa femme, mais sans l'acceptation de celle-ci, son acceptation ultérieure donne ouverture au droit de transcription.

Déclaration préalable. — Elle n'est exigée que pour les ventes de meubles corporels dont la transmission peut s'opérer par la tradition manuelle ; elle devient inutile pour les ventes de *rentes*, de *créances* (Inst. gén. 1725), pour la vente d'un cabinet d'affaires (Solut. du 29 janvier 1848), et en général pour toute vente publique d'objets et droits incorporels (même solution).

Déclaration de privilége de second ordre. — 2 fr., pourvu qu'elle soit pure et simple et ne contienne pas obligation de rembourser le cautionnement ni affectation hypothécaire (Cass. 4 décembre 1821). — Même droit pour les commissionnaires du Mont-de-Piété (Délib. 10 décembre 1840). — Receveurs municipaux (Seine, 6 janvier 1841). — Gérant de journal (Seine, 13 janvier 1841). — Entrepreneurs en vertu de marché pour le service du gouvernement et fournisseurs de vivres (Cass. 27 mai 1829). — La déclaration par laquelle des entrepreneurs adjudicataires de travaux à exécuter pour la ville ou l'Assistance publique reconnaissent que la somme versée ou les rentes déposées à la Caisse municipale ou au receveur de l'Administration appartiennent à un tiers, n'est passible que de 2 fr. (Sol. 25 juillet 1851). — En principe, la faveur de la réduction au droit fixe est applicable aux déclarations d'origine de fonds d'un cautionnement versé dans les Caisses du Trésor.

Déclaration de succession. — Voici le tableau des droits à payer selon le degré de parenté.

En ligne directe	1 p. 0/0
En ligne collatérale :	
1° Entre frères, sœurs, oncles, tantes, neveux, nièces.	6 fr. 50
2° Entre grands-oncles, grand'tantes, petits-neveux, petites-nièces, cousins-germains.	7 »
3° Entre parents du 4° au 12° degré.	8 »
4° Entre personnes non parentes.	9 »
5° Entre époux.	3 p. 0/0.

Ces droits sont les mêmes pour les meubles et les immeubles.

Nota. Lorsque l'enfant naturel reconnu est appelé à recueillir la totalité de la succession à défaut de successibles, il doit le taux fixé pour les étrangers (Art. 53 de la loi du 28 avril 1816) ; mais si l'enfant naturel reconnu recueille la totalité de la succession en vertu d'un legs universel, il ne doit le droit qu'en ligne directe (Cass. 5 avril 1852) ; — l'époux survivant appelé à la succession à défaut de parent au degré successible et d'enfant naturel, est considéré comme personne non parente ; même loi (Voir l'observation à la fin du mot *Donation*). — DÉLAIS PENDANT LESQUELS LES DÉCLARATIONS DOIVENT ÊTRE FAITES : A partir du décès, 6 mois pour les décès en France. L. 2. — 8 mois, en Europe. — 1 an, en Amérique. — 2 ans, en Asie ou en Afrique. — Pour un absent, 6 mois à partir du jour du jugement d'envoi en possession. — Quand les héritiers du mari recueillent toute la communauté par suite de la renonciation de la veuve 6 mois après le décès, le délai ne coure que du jour de cette renonciation (Délib. 21 octobre 1814). — Quand aux autres biens rentrés dans l'hérédité, le délai de 6 mois coure à partir du jour du jugement d'envoi en possession ou de l'arrêt confirmatif (Cass. 20 août 1816).

Dédit. — 0 fr. 50 p. 0/0. L. 2. — Il n'est rien dû lorsqu'il est stipulé dans l'acte contenant les conventions qui y donnent lieu. S'il est convenu par acte postérieur, il y a lieu de distinguer : s'il est indéterminé et non susceptible d'estimation, 2 fr. ; s'il est déterminé, 0 fr. 50 c. p. 0/0.

Délégation. — Si elle est contenue dans l'acte de vente au profit d'un créancier du vendeur, il n'est rien dû si son titre est enregistré ; il est dû le droit proportionnel dans le cas contraire d'après la nature de la dette reconnue. La délégation faite par acte postérieur à la vente et quand le titre du créancier est en forme, n'engendre aucun droit proportionnel si l'on a stipulé dans le contrat de vente que le prix serait payable aux vendeurs ou aux créanciers inscrits au profit desquels il était fait toute délégation expresse, avec pouvoir de donner mainlevée de l'inscription d'office (Cass. 27 avril 1844); en tout autre cas 1 p. 0/0, même en l'absence de l'acceptation du créancier, ainsi jugé par plusieurs tribunaux. — La délégation dans un bail par le preneur au bailleur des arrérages d'une rente pour acquitter le prix du bail, comme dans une vente par l'acquéreur au vendeur de créances pour se libérer du prix, n'est qu'un mode de paiement qui ne donne lieu à aucun droit. (Solutions, 21 juillet 1838). — La délégation par l'emprunteur au prêteur dans l'acte d'obligation des loyers d'une maison pour assurer le service des intérêts, n'est passible du droit de 1 fr. p. 0/0 qu'autant que l'emprunteur est déchargé formellement de payer lui-même ces intérêts (Inst. 1205. Sol. 18 octobre 1832.)

Délivrance de legs. — 2 fr.; il y a autant de droits qu'il y a de légataires particuliers. L. 23.

Dépôt d'actes et pièces.—2 fr.; il y a autant de droits qu'il y a de personnes ayant un intérêt distinct et séparé. (L. 7).

Dépôt des sommes,—chez les particuliers, 1 p. 0/0;—d'objets mobiliers et titres de créances, valeurs industrielles, 2 fr. (Solution 22 août 1825), — et chez un notaire, 2 fr. (Cass. du 26 février 1850), qu'il y ait ou non un acte qui constate le dépôt.

Dépôt de cahier de charges, 2 fr. (V. Cahier de charges).

Id. d'actes pour être transcrits ou de bordereaux pour être inscrits, 0 fr. 25. Salaire du Conservateur.

Désaveu de paternité, 2 fr. L. 23.

Désistement, — 2 fr. L. 23,— de privilége de second ordre, il n'est dû que 2 fr. (Solut. 15 mars 1820).

Devis, — id. L. 23.

Dissolution de Société. — 5 fr.; ce droit n'est dû qu'autant que l'acte ne donne pas ouverture au droit proportionnel. L. 23.

Donations entre époux. — 5 fr.; ces donations doivent être enregistrées dans les trois mois du décès du donateur. L. 1. (V. Journal, n° 25.) Voir sur leur forme, loi du 21-24 juin 1843.

Donations entre vifs. — Voici le tableau des droits auxquels elles donnent lieu :

En ligne directe :	par contrat de mariage	meubles.	1 fr. 25 p. 0/0.
		immeubles.	2 fr. 75 id.
	hors contrat de mariage	meubles.	2 fr. 50 id.
		immeubles.	4 fr. id.
	partage anticipé . . .	meubles. / immeubles.	1 fr. p. 0/0.
En ligne collatérale :	*1° Entre frères, sœurs, oncles tantes, neveux et nièces :*		
	par contrat de mariage.	meubles.	4 fr. 50 p. 0/0.
		immeubles.	6 fr. id.
	hors contrat de mariage	meubles. / immeubles.	6 fr. 50 p. 0/0.
	2° Entre grands-oncles, grand'tantes, petits-neveux, petites-nièces, cousins-germains.		
	par contrat de mariage	meubles. / immeubles.	5 fr. p. 0/0.
	hors contrat de mariage.	meubles. / immeubles.	7 fr. p. 0/0.
	Entre parents au-delà du 4e jusqu'au 12e		
	par contrat de mariage.	meubles. / immeubles.	5 fr. 50 p. 0/0.
	hors contrat de mariage.	meubles. / immeubles.	8 fr. p. 0/0.
Entre personnes non parentes :	par contrat de mariage.	meubles. / immeubles.	6 fr. p. 0/0.
	hors contrat de mariage.	meubles. / immeubles.	9 fr. p. 0/0.
Entre époux : (L. 2, 7, 12 et 23.)	par contrat de mariage.	meubles.	1 fr. 50 p. 0/0.
		immeubles.	3 fr. id.
	hors contrat de mariage.	meubles.	3 fr. id.
		immeubles.	4 fr. 50 id.

Voici comment se liquide le droit sur les donations :

Meubles : (L. 2 et 23.)	pour le mobilier, d'après la déclaration estimative qui en est faite; pour les créances, sur le capital; pour les rentes sur l'État, actions et obligations industrielles; d'après le cours de la Bourse. Quand la nue propriété est donnée à l'un et l'usufruit à l'autre, le droit est dû sur la valeur *entière* pour la nue propriété et sur *moitié* pour l'usufruit.
Immeubles : (L. 2.)	Sur un capital formé de 20 fois le revenu brut ou le produit des baux courants. Quand la nue propriété est donnée à l'un et l'usufruit à l'autre, le droit est dû sur 20 fois le produit des biens pour la nue propriété et 10 fois pour l'usufruit.

Observation. — Lorsque le nu propriétaire de meubles ou d'immeubles, qui a acquitté le droit sur la valeur entière, transmet lui-même cette nue propriété à titre gratuit ou par décès, le droit de donation ne doit être liquidé que sur un capital formé de 10 fois le revenu des biens ou sur la moitié de la valeur des meubles (Cass. 27 décembre 1847. Inst. gén. 1816 et 2025).

Donations entre vifs non acceptées. — 2 fr.

Id. éventuelles ou à cause de mort, — 5 fr.

Id. de biens à l'étranger, — 10 fr. par application de la L. 9. Mais les donations à un Français de rentes sur les Etats étrangers et d'actions et d'obligations de compagnies étrangères sont soumises au droit. L. 23; la donation de ces mêmes valeurs à un étranger n'est passible que du droit fixe (Seine, 27 décembre 1854).

Don manuel. — La reconnaissance par le donataire donne ouverture au droit d'après le degré de parenté entre le donateur et le donataire. L. 23. — La reconnaissance contenue dans un contrat de mariage jouit de la réduction des droits accordés aux donations y contenues (Inst. gén. 1307). — La reconnaissance dans un partage anticipé, même doctrine, passible de 1 fr. 0/0. — Le don manuel qui avait acquis date certaine avant la loi du 18 mai 1850, n'est pas sujet au droit de donation; ainsi, soit que le donataire ou le donateur soit décédé avant cette loi, soit que le don manuel ait été énoncé dans un acte antérieur à la promulgation de ladite loi, il n'y a pas lieu de percevoir le droit (Cass. 24 janvier 1854) : avant la promulgation de la loi du 18 mai 1850, les déclarations de dons manuels hors la présence de l'une ou de l'autre des parties échappaient à la perception.

Duplicata de quittances. — Salaire du conservateur, 0 fr. 25 c.

E

Echange. — 2 fr. 50 p. 0/0, sur la valeur de l'une des deux parts lorsqu'il n'y a aucun retour; s'il y a soulte, 5 fr. 50 sur la soulte; le droit est même dû à défaut de stipulation de soulte, lorsque la comparaison des revenus donne une différence. L. 2, 9 et 15.

Echange. — Fait par l'Etat, — gratis. L. 2.

Endossement — d'effets négociables (billet à ordre, lettre de change. etc.), exempt d'enregistrement. L. 2.

Id. passé devant notaire, 2 fr. comme acte innommé.

Endossement — de tout autre effet non négociable, passible du droit ordinaire de transport de créance, 1 p. 0/0.

Etat d'effets mobiliers. — 2 fr. L. 23.

Id. id. des lieux.

Expédition. — Les expéditions d'actes notariés ne sont pas soumises à l'enregistrement, elles doivent contenir 15 syllabes à la ligne, d'après le décret du 16 février 1807, art. 174, qui ne prononce pas d'amende en cas d'infraction. Voir pour les expéditions des arrêtés préfectoraux et des décisions ministérielles qui sont exemptes de timbre quand elles ne sont pas délivrées à des particuliers, les décis. minist. 19 déc. 1840, 6 février 1856, Inst. 2073. (V. Journal, n° 19.)

Expropriation. — Les plans, procès-verbaux, certificats, contrats, quittances et autres actes faits en vertu de la loi du 3 mai 1841 doivent être visés pour timbre et enregistrés gratis (art. 58).

Extrait.

F

Faillite. — La vente de biens meubles corporels et incorporels, meubles meublants, marchandises, créances, fonds de commerce, etc., dépendant de l'actif d'une faillite, avant comme après union des créanciers, n'est passible que de 0 fr. 50 p. 0/0 (L. 15), qu'elle soit faite à l'amiable ou par-devant notaire commis (Délib. 8 août 1845, 25 septembre 1831).

Folle enchère. — Voir Adjudication.

Formule exécutoire.

G

Gage ou garantie mobilière — donné dans l'acte même constitutif de la dette ou par acte postérieur par le débiteur, 2 fr. (Délib. 15 septembre 1847).

Id. fourni par tiers, 0 fr. 50 c. p. 0/0 sur le montant de la dette garantie (Cass. 1er février 1832).

Id. Si le débiteur, qui donne un gage par acte postérieur, se dessaisit réellement de la créance qu'il remet à son créancier, le droit de cession est dû.

Gestion.

Grosse (Voir Expédition).

H

Honoraires. — Voir tarif des frais, décret du 16 février 1807, art. 168, — et pour les adjudications judiciaires, l'ordonnance du 10 octobre 1841.

I

Indemnité — payée ou à payer, 50 c. p. 0/0. L. 2. — Stipulée entre les parties contractantes dans un acte de société, dans un bail, ou dans tout autre acte pour le cas d'inexécution des clauses, elle n'est assujettie à aucun droit (Délib. 28 mai 1823).

Indemnité — Promesses. — Les promesses d'indemnité indéterminées et non susceptibles d'évaluation, 2 fr.

Indigents. — V. L. 28 et 29. — D'après l'instruction 1876 de la régie, l'exemption des droits ne s'applique pas aux actes respectueux.

Inscription hypothécaire. — Art. 2154 C. N. (V. Journal, n° 12.)

Institution contractuelle. — L. 7. — (Avis du Conseil d'Etat du 22 décembre 1809.)

Inventaire. — 2 fr. par vacation de 4 heures quand cela est dit dans l'acte, autrement la vacation est considérée être de 3 heures. Les notaires ne sont pas tenus de déclarer dans les inventaires si les titres et papiers qu'ils analysent sont sur timbre (Inst. gén. 1954). (Voir Journal, nos 46, 51, 52 et 62).

Inventaire après faillite. — 2 fr. quel que soit le nombre des vacations. L. 15.

L

Légalisations. — Il est perçu 25 cent. par pièce pour les légalisations faites par le Président du tribunal civil; et pour les pièces concernant les étrangers, pour les légalisations faites par les agents diplomatiques, savoir: Affaires étrangères, 1 fr. — Amérique Centrale... — Autriche, 5 fr. — Bade, 6 fr. — Bavière, 6 fr. — Belgique, 6 fr. — Bolivie, 6 fr. — Brésil, 5 fr. 50. — Brunswick, 5 fr. — Chili, 10 fr. — Confédération Argentine, 10 fr. — Costa-Rica... — Danemarck, 6 fr. — Deux-Siciles, 5 fr. — Espagne, 6 fr. 50. — États-Romains, 5 fr. — États-Unis, 10 fr. 70. — Grande-Bretagne, 5 fr. 50. — Grèce... — Hanovre, 6 fr. — Hesse-Électorale... — Hesse (Grand-Duché de), 6 fr. — Mecklembourg-Schwerin.... — Mecklembourg-Strelitz.... — Mexique, 10 fr. — Nassau, 1 fr. — Nicaragua, 5 fr. — Nouvelle-Grenade, 10 fr. — Oldenbourg... — Pays-Bas, 1 fr. — Pérou, 5 fr. 50. — Portugal, 10 fr. — Prusse, 6 fr. — Russie, 4 fr. — Sardaigne, 5 fr. — Saxe, 6 fr. — Saxe-Weimar.... — Suède et Norwège...

— Suisse, 3 fr. — Toscane, 5 fr. — Turquie, 3 fr. 50. — Uruguay, 5 f. 50. — Venezuela..... — Villes Libres.... — Wurtemberg.

Lettre de Change — (V. *Billet à Ordre*). — 25 c. 0/0. — Passée devant notaire, elle doit être enregistrée dans le délai des actes notariés; hors ce cas, elle n'est soumise à l'enregistrement qu'avec l'assignation en paiement (*L.* 7 et 24).

Licitation de Biens meubles indivis. — 2 0/0 L. 1. — Si les objets sont partageables, le droit est perçu sur le prix intégral sans déduction de la part du co-licitant; s'ils ne le sont pas, le droit n'est dû que sur la portion du prix qui excède les droits du co-licitant (Cass. 9 mai 1832).

Licitation de Biens immeubles indivis. — 4 0/0 pour les parts acquises dans l'immeuble adjugé au colicitant. — 5 0/0 si l'indivision ne cesse pas. — Pour que le droit de 4 0/0 soit seul exigible, il faut que le titre de propriétaire soit le même pour le vendeur et l'acquéreur (soit par une acquisition commune, soit par succession).

Liquidation de communauté ou de succession. — 5 fr. si elle est approuvée; 2 fr. si elle ne l'est pas. (V. Journal, n°s 22 et 27.)

Liquidation de reprises. — 2 fr. toutes les fois que les reprises de la femme résultent d'actes enregistrés, ou qui ont été déjà énoncées ou constatées dans des actes enregistrés; sinon 1 0/0 sur les sommes non justifiées (Cass. 11 décembre 1838). — La reconnaissance par le mari dans l'acte de liquidation d'avoir reçu tout ou partie de la dot sans énonciation de quittance aux donateurs, ne donne pas ouverture au droit de quittance (Sol. 17 avril 1846).

M

Mainlevée d'inscription. — 2 fr., pourvu qu'il n'en résulte pas la preuve de la libération du débiteur; de la mainlevée donnée sans réserve il ne résulte point la preuve du remboursement de la créance, mais seulement un commencement de preuve par écrit (Cour de Paris, 16 août 1838; Versailles, 20 avril 1843). (V. Journal, n° 10).

Mainlevée d'opposition. — 2 fr.

Marché. — 1 fr. 0/0 lorsqu'il n'a pour but que la confection d'un ouvrage : 2 fr. 0/0 s'il contient transmission de meubles ou marchandises.

Marché dans les prisons. — 2 fr. (L. 36).

Id. pour le compte des lycées. — 2 fr. (Décision minist. 22 avril 1858; voir Cession).

Mariage (Voir Contrat de).

Mention d'enregistrement. — Les notaires ne sont pas tenus de relater dans leurs actes la mention des droits perçus sur un acte sous seing privé annexé ou déposé (Sol. 14 octobre 1835).

Mines. — Vente, 5 fr. 50 0/0. — Cession du droit d'exploiter, 2 fr. 0/0. — Cession par le propriétaire de la redevance qui lui est due par le concessionnaire, 2 fr. 0/0 (Inst. gén. n° 1337). — Le règlement entre le concessionnaire et le propriétaire de la surface des mines, de la redevance due à celui-ci, n'est passible que du droit fixe. (Cass. 20 mai 1830). — La charge imposée dans une vente de mines d'acquitter soit à l'État, soit aux propriétaires de la superficie, les redevances dues d'après la loi du 21 avril 1810, ne doit pas être ajoutée au prix (Sol. 15 mai 1846).

Mutation par décès. — Voir *Déclaration* de succession.

N

Nantissement. — 2 fr. (L. 23).

Notoriété. — 2 fr. — les actes de notoriété constatant plusieurs décès, ne doivent qu'un seul droit s'ils établissent le fait unique d'une filiation commune.

Navire. — Les ventes de navires français ou étrangers, bateaux, chaloupes, canots employés dans les fleuves, rivières ou mers, les marchés pour leurs constructions ne sont passibles que du droit fixe de 2 fr. (L. du 21 avril 1818; Délib. 8 décembre 1829, 1824).

Obligation de sommes. — 1 fr. 0/0 (*L.* 2, 26 et 35). — Si elle a pour cause une transmission de meubles ou de fournitures, 2 0/0. — Si dans une obligation solidaire, les emprunteurs prennent des parts inégales dans la somme, le droit de cautionnement est dû sur la différence. Si deux personnes empruntent solidairement une somme et qu'une seule la retire, le droit de cautionnement est dû. — L'acte contenant obligation et paiement par l'emprunteur à son créancier, qui subroge le prêteur dans ses droits, n'est passible que de 1 0/0 (Cass. 19 janv. 1858, Inst. gén. 2118). — L'obligation solidaire par le mari et la femme séparés de biens ou non, pour une cause intéressant l'un ou l'autre, n'entraîne pas le droit de cautionnement (Inst. gén. 1403). Quant à l'obligation contractée entre mari et femme (Voir Cass. du 16 juillet 1855). — il n'est dû que 3 fr. sur l'acte par lequel le *nu propriétaire* d'une somme reconnaît l'avoir reçue de l'*usufruitier*, et s'oblige de lui en servir l'intérêt (Délib. 30 novembre); — mais le droit de 1 fr. 0/0 est dû si l'usufruitier ne remet la somme qu'à titre de prêt. — Les obligations de sommes payables à l'étranger et en monnaie étrangère ne sont passibles que du droit fixe (Sol. 7 mai 1851; 12 février 1852). — La déclaration par des père et mère que la dot constituée à leur fille et dont la célébration du mariage devait valoir quittance, n'a pas été payée, ne donne pas ouverture au droit d'obligation (Sol. 31 janvier 1850). (V. Journal, n° 36.)

Office. — 2 fr. 0/0 (*L.* 17).

Ordonnance de référé. — 3 fr.

Ordre aimable. — 2 fr. (*L.* 23). — S'il contient quittance par les créanciers 5 0/0, *ou* délégation par le débiteur 1 0/0. (Cass. 19 avril 1843). — Le droit de délégation ne serait pas dû si elle était déjà contenue ou formulée en termes exprès dans la vente (Voir Délégation).

P

Paiement (Voir Quittance).

Partage. — 5 fr. — Les soultes dans un partage doivent être imputées de la manière la plus favorable aux parties: d'abord sur les rentes de l'État, *rien dû*; l'argent comptant et les créances sur l'héritier et dont il fait confusion, 50 c. 0/0; les créances sur particuliers, 1 *fr.* 0/0; les meubles, 2 *fr.* 0/0; les immeubles, 4 *fr.* 0/0 (Inst. gén. 342, 1256 Code N. — Lorsque dans un partage, un lot attribué indivisément à deux cohéritiers comprend des immeubles, et que ce lot est chargé d'une soulte, il n'est dû que 4 0/0 et non pas 5 fr. 50 (Délib. du 22 décembre 1856. — On peut faire usage dans un partage de titres de créances sur des tiers *non présents*, sans les faire enregistrer (Cass. 21 mars 1848, 4 avril 1849, 28 mars 1859); mais si les débiteurs *sont présents*, les droits deviennent exigibles. — Le droit de quittance n'est pas dû sur le paiement fait par un héritier à ses co-héritiers des sommes qui lui ont été données ou prêtées par le défunt et qu'il rapporte à la succession (Cass. 2 mai 1826, Délib. 5 juin 1836). — Si, dans un partage, la femme survivante (ou ses héritiers) prélève seulement ses reprises et abandonne le surplus de l'actif au mari qui s'engage à payer tout le passif, il n'est dû aucun droit proportionnel (Inst. gén. 1577, 1470-1483).

Partage d'ascendants. — 1 0/0 (*L.* 23, art. 1075 et 1076 Code N.). — Il n'est pas dû de droit de partage pour la division que les donataires se font entre eux des biens abandonnés. (Délib. 26 janvier 1829). — Pour que le droit de 1 p. 0/0 soit seul exigible, il faut qu'il y ait dessaisissement réel des biens donnés; ainsi la donation de sommes payables à la volonté des donateurs est passible des droits ordinaires. (Cass. 10 décembre 1855.) — Si l'enfant naturel est admis au partage dans la proportion de ses droits, il n'est dû que 1 p. 1/0 sur sa part. (Délib. 10 mars 1835.) — Les règles de perception concernant les soultes de partage sont applicables aux partages anticipés. (L. 23.)

Pension alimentaire. — 20 c. p. 0/0 (L. 9). L'abandon à titre de pension alimentaire de la *jouissance* d'un immeuble, n'est passible que de 20 c. p. 0/0 (Inst. gén. 1132); tandis que si l'on abandonne l'*usufruit* d'un immeuble, le droit de donation est exigible. La pension alimentaire *entre époux* est aussi de 20 p. 0/0, même après la séparation de corps (Décis. minist. 10 décembre 1823).

Pension alimentaire en faveur des aliénés admis dans les établissements publics. 2 fr. (L. 23.)

Pétition — ou Mémoire.

Police d'assurances — mutuelles, 2 fr.; — à prime, 1 p. 0/0 sur le montant de la prime pendant la durée de la police; — maritimes, 1 p. 0/0 s'il en fait usage en justice, hors ce cas, 2 fr. (L. 7 et 12.)

Prêt — sur dépôt entre commerçants (Art. 95, C. de comm., L. 11, 51 et 52), 2 fr.; il suffit que l'emprunteur soit commerçant, que l'acte ne contienne pas d'hypothèque, que l'objet donné en gage soit vraiment un objet de commerce (Cass. 26 mai 1857), quand même les sommes prêtées auraient été remises antérieurement au dépôt. (Même arrêt.)

Prisée de meubles ou état estimatif. — 2 fr. (L. 23).

Procès-verbaux. — 2 fr. (L. 2 et 23.) — Voir art. 168 du décret du 16 février 1807.

Procès-verbal de comparution. — 2 fr.

Procuration. — 2 fr. — Pour accepter une succession purement ou simplement, ou sous bénéfice d'inventaire, un seul droit de 2 fr., quel que soit le nombre d'héritiers (Sol. 31 octobre 1851). — Mais si la procuration contient le pouvoir tout à la fois d'accepter une succession ou d'y renoncer, il est dû autant de droits qu'il y a d'héritiers. — La pluralité des droits s'établit non sur le nombre des successions, mais sur celui des constituants (Sol. 31 mai 1821.) — Les procurations pour faire les déclarations de successions et les déclarations préalables aux ventes de meubles sont exemptes d'enregistrement (Inst. gén. 443. (V. n°s 5, 11 et 15.)

Propriété — Établissement de. — 2 fr.

Prorogation de délai. — 2 fr.

Protets par les notaires. — Ils doivent être enregistrés dans les quatre jours, comme ceux faits par les huissiers. — 2 fr. (L. 15).

Q

Quittance. — 50 c. p. 0/0 (L. 2, 20 et 35) ; — de prix de vente verbale de meubles, 2 p. 0/0 ; — par un créancier du vendeur dans l'acte de vente, 50 c. p. 0/0, la loi n'exemptant du droit le paiement du prix dans l'acte de vente même qu'entre les parties contractantes (Seine, 19 juin 1852) ; — donnée par acte postérieur à la vente par le créancier du vendeur en présence de celui-ci, à l'acquéreur, 50 c. p. 0/0, qu'il y ait eu ou non delégation dans l'acte de vente (Sol. 4 août 1837) ; — l'acquéreur colloqué dans l'ordre ouvert sur son prix, compensant ce prix avec le montant de sa collocation, le droit de quittance n'est pas dû : il y a confusion (Seine, 24 mars 1847). Il en est de même du créancier qui compense son prix en vertu d'une clause du cahier des charges portant que le prix sera payable aux créanciers inscrits à qui toute délégation a été faite : les deux libérations (du vendeur et de l'acquéreur) sont une conséquence de l'adjudication, et l'acte qui les constate n'est qu'un acte de complément ; — par le nu-propriétaire aux héritiers de l'usufruitier des sommes grevées d'usufruit. 2 fr. (Sol. 10 janvier 1852) ; — par un créancier inscrit à un acquéreur qui paie une somme en sus de son prix pour éviter l'action en délaissement, 50 p. 0/0 (Sol. 22 mai 1829, Épernay, 22 août 1834) ; — à un créancier hypothécaire par un autre créancier inscrit à une date postérieure et qui (s') ainsi subrogé aux droits du premier, 50 c. p. 0/0 (Cass. 24 décembre 1839, 27 juin 1842) ; — des reprises de la femme, 2 fr., selon un jugement de Douai du 25 décembre 1852 ; mais la régie persiste à percevoir 50 c. p. 0/0 ; — de prix de fournitures, 2 p. 0/0 ; — de sommes pour prix de constructions, 1 p. 0/0 et non 2 p. 0/0, attendu qu'il en résulte seulement la preuve de l'existence d'un marché (Seine, 18 décembre 1844) ; — de répartition par les créanciers d'une faillite au syndic, 2 fr. (Inst. gén. 1471. — Les quittances de contributions, droits, créances, revenus dûs à l'État, exemptes (L. 1) ; — de prix de ventes d'immeubles à l'étranger, 50 c. p. 0/0 (Seine, 13 mars 1833) ; — pour le remboursement de rentes, le droit est dû sur le capital aliéné dans l'acte constitutif, quel que soit le prix du rachat.

R

Radiation d'inscription. — Salaire du Conservateur, 1 fr.

Ratification. — 2 fr. par chaque acte ratifié (L. 2 et 25) ; par la ratification plusieurs cohéritiers ou cointéressés ne donne ouverture qu'à un droit (Dél. 8 Octobre 1841).

Reconnaissance pure et simple — 2 f. (L. 2, 7).

Id. de sommes 1 p. 0/0 (L. 2, 20).

Id. d'enfant naturel, 5 f. par chaque enfant reconnu (L. 7). (V. Journal, n° 41.)

Id. pour les indigents — gratis — (Loi 15 Mai 1818 et 10 Déc. 1850.

Recouvrements —

Référé — 5 f.

Remploi — 2 fr. (L. 7) plus le droit de transcription dans le cas où le mari cède à sa femme un immeuble de communauté sans qu'il y ait séparation, le droit de vente n'étant pas dû — ou encore si la femme accepte en remploi, un immeuble acquis pour elle sans son acceptation. — L'acquisition faite en remploi d'un immeuble dotal aliéné pour cause d'utilité publique est exempte des droits. (Cass. 10 déc. 1845 ; 8 déc. 1847 ; 24 mai 1848).

Renonciation 2 fr. ; — à un droit d'usufruit 3 fr., plus le droit de transcription s'il y a des immeubles ; mais il faut que la renonciation soit acceptée par le nu-propriétaire ou fait en sa présence (Délibération du 23 janvier 1835, 10 août 1843 ; — par le donateur au profit du donataire de l'usufruit qu'il s'était réservé, soit dans une donation soit dans un partage anticipé, ne donne pas ouverture au droit de transcription (Inst. 1710, loi du 19 Août 1812. — Par l'usufruitier au profit de l'acquéreur de la nue-propriété, n'entraîne que le droit de transcription (Cass. 10 Mai 1848).

Renouvellement d'inscription. —

Rentes sur l'Etat. (V. Cession). —

Résiliement — 2 fr., il doit pour n'être soumis qu'au droit fixe, être fait dans les 24 heures des actes ; mais il n'est pas nécessaire qu'il soit enregistré dans le même délai.

Retours d'échange ou soultes — 5 fr. 50 p. 0/0. (L. 2 et 26 er 34).

Rétractation — 2 fr. (L. 2 et 7).

Retrait de droits litigieux. — (Art. 1699 Code N.), 50 c. p. 0/0.
Id. de réméré, 50 c. p. 0/0. (L. 2, 7, 26, 55).
Id. id. 5 fr. 50 p. 0/0, après l'expiration des délais. — (Inst. gén. 1320). Le délai ne pouvant excéder 5 ans, si la faculté avait été accordée pour 3 ans, puis prorogé de 2 ans, le retrait ne serait passible que de 50 0/0.
Rétrocession de baux — 20 c. p. 0/0. (L. 2 et 9) v. bail.
Id. d'immeubles — 5 fr. 50 c. p. 0/0 (L. 2 et 7).
Révocation 2 fr. (L. 7).
— de donations entre époux — (Voir ce mot).
Rôle — voir expédition).

S

Saint-Domingue. — Il n'est dû aucun droit de succession sur l'indemnité. (L. 10 et 16 et délib. 13 nov. 1838). Les titres et actes de tout genre produits par les réclamants ou leurs créanciers, soit devant la commisssion de liquidation, soit devant les tribunaux pour justifier de leurs qualités et de leurs droits, sont exempts d'enregistrement (Inst. gén. 1190).
Salaires du conservateur des hypothèques. — V. décret du 21 septembre 1810 et Ordonn. du 10 octobre 1841.
Société 5 fr. (L. 7). — Le traitement accordé au gérant d'une société en nom collectif et en commandite ne donne ouverture à aucun droit, attendu qu'il représente pour partie la portion d'intérêts ou de bénéfice qui lui est attribuée pour l'apport de son industrie. (Sol. 1er mai 1854, 6 juin 1857). — Il en est de même de l'attribution au gérant de un dixième ou de telle quotité à prendre sur le montant des actions émises, par le motif qu'il est juste que le gérant soit privé de cette indemnité, même en l'absence de bénéfices. (V. Journal, n° 8.)
Société de secours mutuels. — Les actes intéressant les Sociétés de secoure mutuels doivent être visés pour timbre et enregistrés gratis; mais cette exemption ne s'applique pas aux transmissions de biens.
Id. pour les ouvriers. —
Sommation respectueuse — 2 fr. (L.
Subrogation. — Salaire du conservateur — 50 c.
Substitutions. — Voir la loi du 17 mai 1826, et art. 896 du Code Napoléon.
Succession. — (Voir déclaration de)
Id. — Ouverte à l'étranger. — (L. 23). — Les biens ou valeurs situés ou exigibles à l'Etranger ne doivent pas l'impôt en France. — (Cass. Ch. réunies 11 nov. 1844). — Les rentes sur l'Etat dépendant de successions ouvertes dans les colonies où l'enregistrement est établi, sont exemptes du droit de mutation par décès. — (Seine 23 Juillet 1856. Cass. 12 août 1857).

T

Testament — 5 fr. S'il contient substitution et qu'il y ait des immeubles, 1 fr. 50 p. 0/0. — Les testaments notariés et les testaments mystiques déposés aux notaires doivent être enregistrés dans les trois mois du décès (L. 1.) Quant aux testaments olographes non déposés chez les notaires, aucun délai n'a été fixé pour leur enregistrement. (V. Journal, n°s 19, 39 et 58).
Titre nouvel. — 3 fr., pourvu que l'obligation première résulte d'un titre en forme, autrement le droit serait dû selon sa nature.
Traduction. — 2 fr., lorsque l'original a été enregistré. Si elle est jointe à l'original pour l'intelligence de l'acte, elle n'est pas sujette à l'enregistrement. (Int. gén. 2,152, 8, 7).
Transaction. — 5 fr. (L. 28 avril 1816.)
Transcription. — Voir la loi du 23 mars 1855.
Transport de créances — 1 p. 0/0 sur le montant de la créance cédée et non sur le prix. (L. 2).
Travail pour déclaration de succession. (V. Journal, n°s 7 et 61.)

V

Vacation du notaire. — Voir art. 168 du Décret du 16 février 1807.

Id. du commissaire-priseur.

Id. du greffier.

Vente de meubles. — 2 p. 0/0. (L 2 fr.). — Quand la vente comprend pour un seul prix des meubles et des créances, on ne peut percevoir 2 p. 0/0 sur le tout; il y a lieu de faire une déclaration du montant des créances. (Délib. 5 avril 1833. — Si la vente est faite avec réserve d'usufruit, il n'y a pas lieu d'ajouter au prix moitié en sus. (Décis. minist. 11 août 1812).

Id. à l'étranger. — 10 fr., qu'il s'agisse de meubles, de créances, de rentes, du moment qu'ils sont situés ou exigibles hors du territoire. (Cass. 21 avril 1828, Sol. 20 octobre 1835).

Id. dans les colonies. — 2 fr. si l'enregistrement y est établi, et 10 fr. s'il ne l'est pas. (Inst. gén. 1703.)

Id. de navire. — (V. ce mot).

Vente d'immeubles. — 5 fr. 50 p. 0/0. (V. Journal, n°s 4 et 21) (L. 2 et 7), si elle comprend des meubles, même droit sur le tout si les meubles ne sont pas détaillés et estimés article par article (art. 9, loi du 22 frimaire an VII).

Id. d'immeubles avec réserve d'usufruit — 1° au profit du vendeur, on ajoute moitié du prix (L. 1er); — 2° au profit d'un tiers si son titre est justifié, il n'y a aucune addition à faire; s'il ne l'est pas, on ajoute moitié du prix (Inst. 1209); malgré la réserve d'usufruit par le vendeur, on ne doit pas ajouter au prix moitié en sus si le prix n'est payable qu'au décès du vendeur sans intérêt jusque-là (Délib. du 6 novembre 1822.

Id. faite moyennant une rente viagère. — Les parties doivent évaluer le capital; si elle ne font pas, l'enregistrement capitalise par 10. (Cass. 21 décembre 1829, 23 août 1836).

Id. moyennant une rente perpétuelle, — du moment qu'elle est créée sans expression de capital exigible, le droit n'est dû que sur 20 fois la rente. (Cass. 19 mai 1834, Inst. 1481).

La délégation dans le contrat de vente, par l'acquéreur au vendeur, de créances sur des tiers pour se libérer du prix n'est qu'un mode de paiement qui ne donne ouverture à aucun droit. (Délib. 10 mai 1833.)

La promesse de vente faite moyennant un prix à fixer par des experts nommés de suite, n'est passible que de 2 fr. (Amiens, 25 avril 1825, Délib. 8 octobre 1840); mais la vente faite moyennant un prix à fixer à l'amiable ou par des experts à nommer ultérieurement, est passible du droit de vente. (Seine, 9 août 1856).

Id. d'immeubles à l'étranger. — 10 fr. fixe (L. 7); mais si le droit proportionnel est inférieur à 10 fr., on ne peut percevoir que le droit de 5 fr. 50. — Si le prix est payé dans l'acte ou payable à terme, on ne saurait percevoir autre chose que le droit de vente. (Délib. 11 août 1820. — La vente de biens à l'étranger moyennant une rente viagère ou perpétuelle payable en France n'est possible que du droit fixe. (Valenciennes, 24 février 1841).

Id. d'immeubles dans les colonies où l'enregistrement est établi, 2 fr.; — où il n'y a pas d'enregistrement, 10 fr. — Mais c'est le droit proportionnel que l'on doit percevoir s'il est inférieur au droit fixe (Inst. gén. 1256).

Vente de droits successifs immobiliers. — 4 p. 0/0 si l'indivision cesse et que l'origine de propriété soit la même pour l'acquéreur et le vendeur; à défaut de ces deux conditions, 5 fr. 50 p. 0/0.

Id. de droits successifs mobiliers et immobiliers, par un seul acte, 5 fr. 50 c. p. 0/0, à moins que le mobilier n'ait été inventorié. On peut faire une cession de droits successifs par deux actes contenant l'un, les droits mobiliers, 2 p. 0/0 (ces droits n'étant pas nécessairement immeubles par destination); et l'autre, les immeubles.

Vente de constructions. — 5 fr. 50 p. 0/0 qu'elles soient faites par le propriétaire du sol ou par un tiers. — Si les constructions sont à démolir dans un délai déterminé, 2 p. 0/0. — Même droit pour la vente de constructions légères, de baraques non établies sur fondation. — La vente par le fermier au propriétaire des constructions qu'il a élevées sur le terrain loué et que le propriétaire s'est réservé de prendre à dire d'experts, n'est passible que de 50 c. p. 0/0 comme indemnité (Inst. gén. 1354). Il résulte même d'un jugement de Lyon du 25 février 1858, qu'il n'est dû que 50 c. p. 0/0, que le propriétaire se soit ou non réservé cette faculté (art. 554 C. N.). La cession par le fermier au propriétaire tant des constructions qu'il a élevées et qu'il est tenu d'abandonner au propriétaire sans indemnité, que du droit au bail, n'est passible que de 20 c. p. 0/0 sur le tout (Cass. 2 juillet 1851). — Même perception si la cession est faite à un tiers; il n'y a là qu'une cession de jouissance.

FIN.

TABLE DES MATIÈRES.

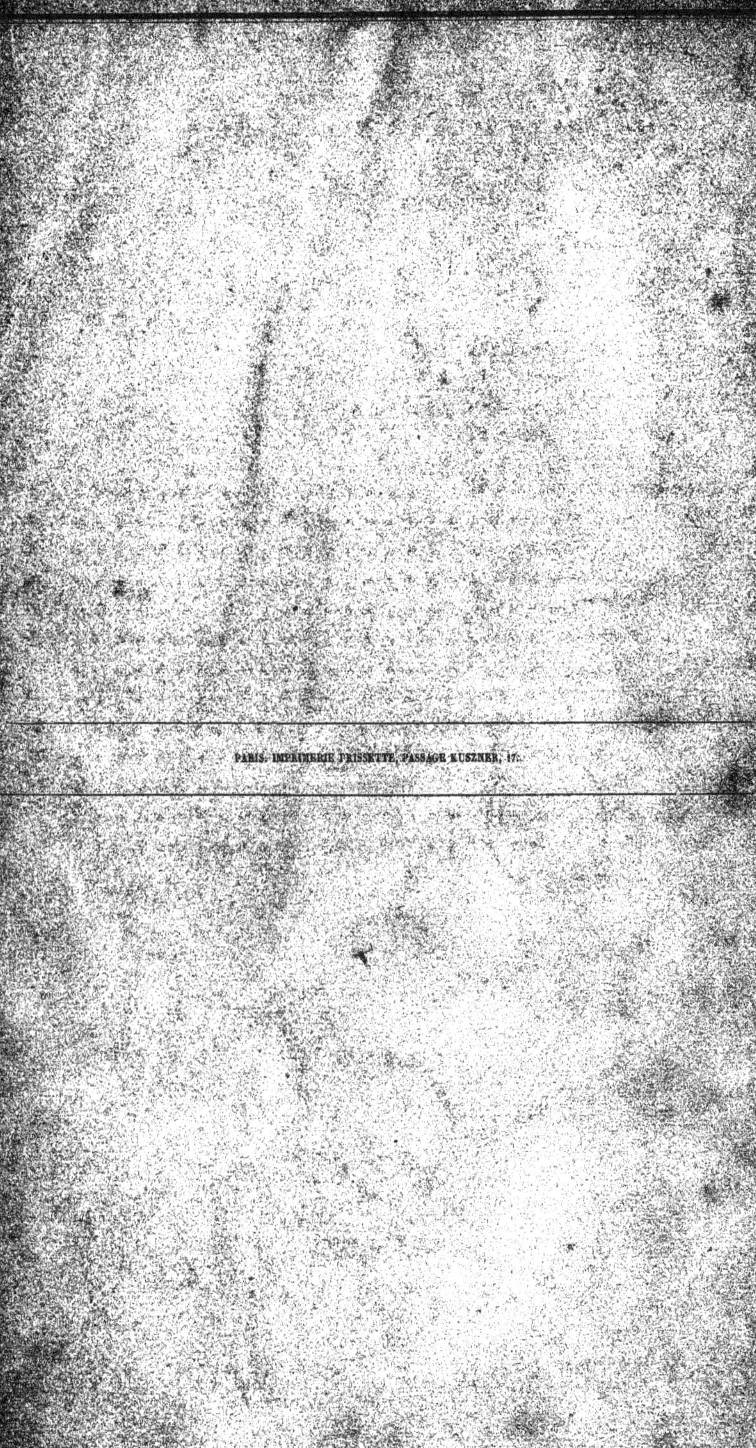

PARIS. IMPRIMERIE FRISSETTE, PASSAGE KUSZNER, 17.

www.ingramcontent.com/pod-product-compliance
Ingram Content Group UK Ltd.
Pitfield, Milton Keynes, MK11 3LW, UK
UKHW021555260726
13993UKWH00002B/848

9 782329 325453